Diretores (Main Editors)
João Rui Pita e Ana Leonor Pereira
Universidade de Coimbra

Os originais enviados são sujeitos
a apreciação científica por referees.

Coordenação Editorial (Editorial Coordinator)
Maria João Padez Ferreira de Castro

Edição
Imprensa da Universidade de Coimbra
Email: imprensa@uc.pt
URL: http://www.uc.pt/imprensa_uc
Vendas online: http://www.livrariadaimprensa.uc.pt

Design
Imprensa da Universidade de Coimbra

Imagem da Capa
Pormenor do relevo de Vasco Pereira da Conceição, representando a vida, situado numas entradas
do antigo edifício da Medicina Legal / Faculdade de Medicina da Universidade de Coimbra, 1956.
Fotografia de João Rui Pita.

Infografia
Mickael Silva

Impressão e Acabamento
KDP

ISSN
2183-9832

ISBN
978-989-26-2568-3

ISBN Digital
978-989-26-2569-0

DOI
https://doi.org/10.14195/978-989-26-2569-0

Obra publicada com o apoio de

SHIS
Sociedade de História Interdisciplinar da Saúde-SHIS

Os volumes desta coleção encontram-se indexados e catalogados
na base dados da Web of Science

INÊS PINTO DA CRUZ

Entre a loucura e o desvio: casos da Psiquiatria Forense portuguesa (1884-1926)

• COIMBRA 2024

Sumário

ENTRE A LOUCURA E O DESVIO
CASOS DA PSIQUIATRIA FORENSE PORTUGUESA (1884-1926)

BETWEEN MADNESS AND DEVIANCE
CASE STUDIES IN PORTUGUESE FORENSIC PSYCHIATRY (1884-1926)

RESUMO

Este livro compreende duas partes. A primeira integra uma breve contextualização da História europeia da Psiquiatria Forense no século XIX e do contexto criminalista da época, apurando, posteriormente, a receção do pensamento médico-forense em Portugal e seus protagonistas. É ainda aprofundada a importante questão da legislação e regulamentos de assistência psiquiátrica, promulgados na transição para o século XX, que decretavam as medidas a tomar quanto ao destino dos «alienados criminosos».

Na segunda parte do livro, são apresentados dez casos do primeiro quartel do século XX, cujos criminosos foram levados a Conselho Médico-legal, para que, através do respetivo exame mental, fosse determinado se existiria irresponsabilidade criminal por anomalia psíquica.

ABSTRACT

This book comprises two parts. The first one includes a brief contextualization of the European History of Forensic Psychiatry in the 19th century and the criminal context of that time, being subsequently investigated the reception of the medical forensic thinking in Portugal and its protagonists. It is also explored the important issue of psychiatric care legislation and regulations, enacted in Portugal in the transition to the 20th century, which decreed the measures to be taken regarding the destiny of insane criminals.

In the second part of the book, it is presented a set of ten cases from the first quarter of the 20th century, whose criminals were taken to Medico-legal Council, so that, through the respective mental examination, it could be determined whether there was criminal irresponsibility due to psychic anomaly.

PREFÁCIO

Com esta obra, Inês Pinto da Cruz leva a cabo um importante levantamento histórico da psiquiatria forense em Portugal, num período decisivo para a sua implementação, utilizando arquivos e bibliotecas das Universidades. Trata-se de um trabalho de âmbito histórico, que visa interpretar o passado, como afirma logo na introdução. Considera justamente Júlio de Matos como o principal impulsionador do movimento de ideias que irá conduzir ao predomínio da denominada ciência positiva na psiquiatria forense, passando em revista os livros e as publicações do alienista onde o tema foi tratado.

Menciona, no contexto europeu, as correntes fisionómica, frenológica e degenerativa que antecederam a Escola Criminal italiana, em que Lombroso e seus seguidores deslocam a análise do crime para o estudo do criminoso, redefinem o conceito de perigosidade e consideram a existência do criminoso--nato. Esta escola de antropologia criminal ou do positivismo criminológico teve enorme influência na psiquiatria forense mas, como a autora também mostra, foi seriamente criticada pela escola sociológica francesa.

A autora estuda a receção em Portugal das obras da escola italiana, salientando a obra de Matos como decisiva, enumerando os seus livros, sem esquecer o prefácio ao livro de Garofalo "Criminologia". São também mencionados outros autores que se destacaram na área forense, na mesma altura, Miguel Bombarda e Sobral Cid, que não aderiram à escola de antropologia criminal, sendo que o segundo, como lembra a autora, se distinguiu por relatórios com penetrantes análises psicológicas.

Enumera os Códigos, diplomas e regulamentos que alcançam um enorme desenvolvimento na última década do século XIX, mostrando como o enquadramento legal se vinha modificando, ainda antes da República, nomeadamente a criação dos Serviços Médico-Legais em 1899, com as Circunscrições Médico-Legais e um Conselho Médico-Legal em Lisboa, Porto e Coimbra.

Curiosa e significativa era a composição dos Conselhos Médico-Legais onde participava um médico antropologista criminal, além do professor de medicina legal e do médico alienista, sendo este último o relator dos exames de alienação mental, onde através de um longo e pormenorizado Questionário de Instruções de 1900, se visava levar a cabo o estudo antropométrico, biológico e social dos autores dos delitos.

Salienta a posição de Matos que defende a organização médico-legal onde efetivamente se fazia sentir a influência do pensamento e ação médica na crítica ao Direito, com influência da escola positiva, e sua crítica aos tribunais, nomeadamente quando estava em causa a suspeita de alienação mental. Já com a República surgiu o Decreto de 11 maio de 1911, feito por Matos, onde se apontava para a criação de sete novos manicómios, de ensino ou clínicas psiquiátricas, regionais, criminais e asilos, e dez colonias agrícolas. Estava bem presente a hospitalização dos alienados como problema de defesa social, além de abrigo e do tratamento da anomalia psíquica. É constatado o falhanço da reforma assistencial ao não ser construído nenhum dos estabelecimentos projetados, faltando dizer que a situação dramática dos asilos se prolongou no tempo, mantendo-se a péssima situação denunciada já por António Sena em 1884. A rede hospitalar psiquiátrica portuguesa só se completará nos princípios da década de 1960.

Faz a seguir o estudo dos casos dos homicídios de Sousa Refoios, Miguel Bombarda e Sidónio Pais, nomeando os homicidas e procurando explicar o seu comportamento com base nos diagnósticos feitos nos exames médico-legais, e, curiosamente, com textos do próprio Júlio de Matos, nomeadamente do Manual das Doenças Mentais, sob cuja égide parece colocar o livro.

Noutro capítulo, também interessante, analisa casos examinados pelo Conselho Médico-Legal da Circunscrição de Coimbra. Num deles com diagnóstico de idiotia, o relatório torna-se curioso porque os autores, aparentemente sintonizados com as preocupações da Escola Positiva, alertavam para a necessidade de reforma da legislação penal que deveria basear-se na perigosidade do agente e não no tipo de delito como critério para aplicação da pena.

Nas considerações finais, a autora considera o estabelecimento manicomial um "avanço na dicotomia defesa-regeneração", dado o objetivo de reintegração dos indivíduos, assim que a cura se verificasse e as medidas preventivas que passavam a integrar "exames físicos e sociográficos, bem como tratamento individualizado". O grande problema é que parte da dimensão utópica do asilo está aqui enunciada. O manicómio-asilo não possibilitava o tratamento individualizado, era sim uma assistência de carácter coletivo onde muitas centenas de pacientes viviam ao cuidado de um pequeníssimo número de técnicos, com carências de toda a ordem. As necessidades de controlo e vigilância superavam todas as outras, tornando a questão da cura um objetivo, de um modo geral, distante e, muitas vezes, inalcançável.

Júlio de Matos foi um grande organizador e professor de psiquiatria, cuja influência no seu tempo foi marcante. Diretor dos Hospitais Conde de Ferreira e Rilhafoles/Bombarda, professor de psiquiatria no Porto e em Lisboa, autor dos dois únicos Manuais de Psiquiatria destinados à divulgação e ao ensino. Fez ensino livre e, ao longo dos anos, uma revisão dos principais temas psicopatológicos, publicados em livros e revistas médicas. Criminologista, foi o autor principal da legislação médico-legal e psiquiátrica forense, com livros, publicações e prefácios sobre o tema. Dirigiu, com Teófilo Braga, a revista "O Positivismo", de enorme importância na ciência e na cultura em língua portuguesa, onde houve contribuições filosóficas, científicas, sociais e políticas, com muitos textos da sua autoria. Foi um divulgador das ciências naturais e bom conhecedor da filosofia e da ciência do seu tempo. Politicamente foi um republicano desde a sua juventude, admirador de Darwin e Spencer e, no plano psiquiátrico/criminológico, adepto da escola italiana de psiquiatria e de antropologia criminal, com Tanzi, Lombroso, Tamburini, Garofalo e Ferri. Lutou sem descanso pela institucionalização da psiquiatria, pelo seu ensino e legislação adequada para uma área sempre secundarizada, e pela renovação da medicina legal. A legislação trazida pela reforma da República criou o ensino oficial da neurologia e da psiquiatria e o seu plano da assistência psiquiátrica pretendia criar manicómios e colónias agrícolas e regular administrativamente esta área médica. Pertenceu ao Conselho Médico-Legal de Lisboa e foi um interventor em inúmeros casos de psiquiatria forense e direito criminal.

Reconhecido e aclamado há um século, é preciso reconhecer que a evolução das ideias psiquiátricas e psicológicas se afastou muito das opiniões de Júlio de Matos e do seu positivismo evolucionista. Mantendo-se fiel à escola italiana de antropologia criminal, com desinteresse pelas correntes psicodinâmicas, e pelas psicoterapias de índole sugestiva e persuasiva, foi limitando a sua compreensão psicopatológica aos seus autores de eleição, com o domínio quase exclusivo duma perspetiva somático-biológica. Vale a pena ler o prefácio que Júlio de Matos escreveu para a edição portuguesa da Criminologia de Garofalo, citado pela autora, em que Matos procura mostrar a *radical diferença entre a velha penologia, ramo infecundo da ciência metafísica do direito, e a penologia moderna, aplicação pratica e direta da antropologia criminal*". Seguem-se afirmações como *"não há crimes, mas criminosos"*. A ênfase não é colocada na responsabilidade do delinquente mas na sua temibilidade. Sublinha a importância de criar juízes com educação científica especial. Defende a ideia de que o louco moral é um ser anómalo, não propriamente um doente. Lombroso pretendeu reduzir a criminologia a um ramo da biologia, e os denominados criminosos-natos eram seres que, por um fenómeno de atavismo, teriam retrocedido a um nível de evolução ultrapassado da humanidade, constituindo grupos minoritários, naturalmente perigosos.

As ideias de degenerescência, a obra de Lombroso e a antropologia criminal, seguidas por Júlio de Matos, fizeram o seu tempo e foram depois desacreditadas, perdendo toda a relevância científica. Matos foi levado a acreditar nas vantagens da institucionalização, a favor do isolamento manicomial e contra o *non-restraint*. Defendia a importância da defesa social e da filiação bioantropológica dos chamados degenerados, acreditando que a psiquiatria do seu tempo conseguira objetivar essa degenerescência.

A realidade asilar continuava a apresentar muitos aspetos negativos, e foi contra essa realidade que se pronunciou mais tarde Sobral Cid, ao denunciar os inconvenientes da institucionalização prolongada. Inês Pinto da Cruz, a propósito da lei Júlio de Matos de 1911, fala com acerto de *utopia matosiana*. Lentamente, a psiquiatria foi renunciando a um modelo simplista de perigosidade, e a própria noção deixou de ter um significado preciso e cientificamente fundamentado. Simultaneamente, o princípio clássico da responsabilidade penal foi preservado. O ensino oficial da neurologia e da psiquiatria e a necessidade frequente de avaliações periciais nos tribunais em caso de suspeitas de perturbação mental são grandes progressos, afastadas as generalizações abusivas e falsas do positivismo criminal. As polémicas médico-legais são de sempre e continuam hoje, tal como as controvérsias entre Lei e Medicina. Também os diagnósticos psiquiátricos se vão alterando e alguns exemplos colhidos pela autora retirados da obra de Matos (histeria, lipemania, epilepsia) ligados a crimes, só podem ser analisados no contexto psicopatológico e criminológico dos finais do século XIX e da obra do seu autor, Júlio de Matos.

Os avanços que as ideias de Júlio de Matos e sua prática conseguiram levar a cabo mostram também os seus limites, ficando patentes os aspetos contraditórios e negativos. São um retrato da tal utopia falhada, no contexto histórico português e das ideias psiquiátricas, políticas e sociais do seu tempo. Para a compreensão histórica desta evolução, a obra de Inês Pinto da Cruz traz um significativo contributo.

José Morgado Pereira

O presente livro tem por base parte da investigação realizada para a tese de doutoramento "História da Psiquiatria Forense em Portugal (1884-1926): a consistente originalidade de Júlio de Matos" (FCT – Bolsa de Doutoramento SFRH/BD/77775/2011), apresentada à Faculdade de Letras da Universidade de Coimbra e orientada pela Professora Doutora Ana Leonor Pereira e pelo Professor Doutor João Rui Pita.

Esta publicação pretende analisar a Psiquiatria Forense em Portugal entre 1884 e 1926, bem como a conceção da loucura e do comportamento desviante pela sociedade da época. A justificação destas balizas cronológicas prende-se com o facto de as mesmas espelharem datas fulcrais na temática em questão, desde a Nova Reforma Penal de 1884 e o Código de 1886, passando pela importante legislação avulsa, o assassinato de Miguel Bombarda em 1910 e a posterior transferência de Júlio de Matos para Lisboa, abrangendo depois o período da I República em Portugal e as mudanças políticas que esta proporcionou.

Efetivamente, o período cronológico em questão representou fortes avanços científicos interdisciplinares na área da Psiquiatria Forense em Portugal, designadamente nas questões da etiologia da alienação mental e da responsabilidade civil e criminal dos indivíduos alegadamente doentes mentais. A Psiquiatria Forense, a Medicina Legal e a Antropologia Criminal organizaram-se, no sentido de corresponder à necessidade de normalização social nesta área.

No desfecho do séc. XIX, Portugal recorreu à forte influência da escola do conhecido médico Cesare Lombroso e dos seus discípulos Enrico Ferri e Raffaele Garofalo. Júlio de Matos constituiu o principal estudioso e crítico desta escola com projeção internacional. De facto, o alienista portuense foi o grande tratadista português e o representante institucional da Psiquiatria Forense em Portugal.

Alguns dos momentos-chave da Psiquiatria Forense portuguesa surgiram no período cronológico aludido, através das leis de 4 de julho de 1889, de 3 de abril de 1896 e de 17 de agosto de 1899. Todavia, foi na lei elaborada com o apoio de Júlio de Matos (decreto de 11 de maio de 1911) que a utopia matosiana ganhou toda a forma jurídica e institucional.

Para contextualizar este trabalho, impôs-se, primeiramente, a consulta de trabalhos de referência sobre a História da Psiquiatria Forense, pelo que, além de obras conceituadas, foram consultadas revistas científicas de renome no âmbito da História da Medicina e das Ciências da Saúde.

Na fase seguinte, foi fundamental uma revisão da literatura da História da Psiquiatria Forense em Portugal, o que implicou a consulta de fontes impressas portuguesas.

Foi imprescindível ainda a hermenêutica dos diplomas legais de 1889, 1896, 1899 e 1911, bem como de periódicos especializados em Medicina Legal, Psiquiatria e Direito.

A pesquisa em atas de congressos luso-brasileiros, luso-espanhóis e portugueses, respeitantes à área em apreço, assumiu-se igualmente bastante importante.

Relativamente à investigação, esta foi conduzida no Arquivo da Universidade de Coimbra, no Arquivo da Delegação do Centro do Instituto Nacional de Medicina Legal, na Biblioteca Geral da Universidade de Coimbra, na Biblioteca das Ciências da Saúde da Universidade de Coimbra, no Instituto Jurídico da Faculdade de Direito da Universidade de Coimbra, na Biblioteca Municipal de Coimbra, na Biblioteca do Centro de Estudos Interdisciplinares da Universidade de Coimbra – Ceis20, na Biblioteca Nacional de Portugal, no Arquivo da Torre do Tombo, no Arquivo da Delegação do Sul do Instituto de Medicina Legal e na Biblioteca da Faculdade de Medicina da Universidade do Porto.

No Arquivo da Universidade de Coimbra e no Arquivo da Delegação do Centro do Instituto Nacional de Medicina Legal, foram recolhidos e analisados os processos e relatórios de exames mentais, descritos em perícias efetuadas pelo Conselho Médico-legal da circunscrição de Coimbra entre 1900 e 1926. A justificação desta cronologia de pesquisa, prende-se com o facto de a legislação que criou os Conselhos Médico-legais ter sido promulgada em 1899, pelo que era impossível fazer recuos até 1884.

Todo o trabalho de investigação e de leitura de obras, cujo conteúdo era relacionado com o tema em questão, impôs a resolução de vários problemas que foram então surgindo. Se é um facto que a minha formação em Sociologia me permitiu fazer uma análise das representações do indivíduo «louco» e desviante na sociedade da época, posteriormente, tornou-se necessário fazer um esforço suplementar para adquirir mais conhecimentos, tanto na área jurídica, como na médica. Nesse sentido, frequentei aulas de Direito Penal na Faculdade de Direito da Universidade de Coimbra, bem como pequenas formações relacionadas com a Medicina Legal e a Psiquiatria Forense, como, por exemplo, uma aula enquadrada no Mestrado em Medicina Legal e Ciências Forenses, na Faculdade de Medicina da Universidade de Coimbra.

A leitura de obras complementares impôs-se ainda, com o objetivo de alcançar uma maior compreensão na análise das fontes recolhidas, como foi o caso dos relatórios dos Conselhos Médico-legais acerca do estado mental dos indivíduos examinados, na medida em que me deparei com termos médicos e jurídicos, para mim desconhecidos até então, e que, portanto, necessitei de aprofundar.

A recolha dos dados presentes nas referidas fontes constituiu outro obstáculo à investigação, uma vez que, não raro, os processos se encontravam incompletos, com falta de documentos e informação. Foi, de facto, uma investigação que exigiu ainda bastante tempo de análise pois, para além da referida incompletude de alguns desses processos, a grande maioria dos relatórios encontrava-se manuscrita, com uma caligrafia de difícil compreensão e redigida com a ortografia da época, a qual será mantida neste livro sempre que forem citadas fontes originais.

Gostaria, por fim, de sublinhar a distância de 100 anos entre a época em estudo e a atualidade. A linguagem está mudada, os conhecimentos diferentes e a própria legislação também se alterou. Porém, e é aqui que entra a História, considero que este trabalho poderá representar uma ponte para interpretar o passado, tendo sido, sem dúvida, uma viagem no tempo bastante enriquecedora e entusiasmante, apesar de todas as dificuldades inerentes.

PARTE I

ENQUADRAMENTO LEGAL
E CONTEXTO CRIMINALISTA DA ÉPOCA

Contexto Criminalista europeu de Oitocentos
e desenvolvimento da Psiquiatria Forense

A História da Psiquiatria Forense europeia encontrou no século XIX um palco importantíssimo do seu desenvolvimento. Com efeito, foi nessa época que se assistiu ao início da Escola Positiva Italiana, também chamada Escola Criminal Antropológica, cujas raízes se encontram em diversos estudos anteriores. Assim, fazendo uma muito breve retrospetiva histórica, torna-se importante sublinhar três correntes principais nesta evolução: a fisionómica, a frenológica e a degenerativa (Maldonado, 1960).

A corrente fisionómica explicava as inclinações do homem pela sua fisionomia, destacando-se Lavater (1741-1801), pelo seu papel meritório de conferir à então Antropologia incipiente um novo e vigoroso impulso. A sua teoria fundamental incidia na influência do espírito sobre a conformação exterior do corpo, daí resultando a determinação das tendências viciosas pelas assimetrias.

A corrente frenológica foi desenvolvida pelo médico austríaco Franz Joseph Gall (1758-1828), que sustentava ser o cérebro o órgão do pensamento e da vontade e que os contornos do crânio indicariam as configurações cerebrais, pelo que um observador poderia perceber o carácter mental inato de um indivíduo através da forma da cabeça. A frenologia defendia, então, que todas as faculdades psíquicas residiam no cérebro, devidamente localizadas, sendo que a criminalidade e os transtornos mentais eram explicados pelo desenvolvimento deficiente ou excessivo das várias partes deste. Além disso, esta teoria postulava que o excesso de atividade das faculdades cerebrais poderia causar delírios, constituindo uma explicação para a monomania homicida. Apesar de contestada por alguns dos seus discípulos, a vasta obra de Gall constituiu um passo importante no desenvolvimento da Antropologia Criminal.

As ligações entre crime, loucura e perigosidade fortaleceram a teoria da degeneração, formulada pela primeira vez em 1857, pelo alienista francês Bénédict-Augustin Morel (1809-1873), no seu *Traité des dégénérescences physiques, intellectuelles et morales de l'espèce humaine et des causes qui produisent ces variétés maladives*.

O alienista francês teve uma educação fortemente marcada pela religião católica, o que acabou por exercer profunda influência sobre a sua teoria, a qual assentava na ideia de que a herança transmitida geracionalmente não se restringia ao plano biológico, incluindo igualmente dimensões morais e comportamentais. Partindo então da conceção cristã da perfeição da criação divina, seguia-se a hipótese, segundo a qual, a partir do pecado original, os erros, males e vícios dos ancestrais explicavam um conjunto díspar de doenças mentais, com estigmas físicos e morais, que eram cumulativamente adquiridas e transmitidas de geração em geração.

A degeneração era, pois, definida como uma forma de alienação mental e este conceito era tão incerto e instável que poderia descrever uma grande variedade de sintomas a partir daí classificados, de forma a encerrar, num mesmo campo de significação, todos os comportamentos tidos como inusitados: do crime à loucura, passando pela genialidade e pelas perversões.

A adesão às teses morelianas foi maciça entre os alienistas e muitos foram os seus seguidores no plano teórico, de entre os quais se destacou Valentin Magnan (1835-1916). Contudo, este criticava o carácter excessivamente metafísico e religioso da teoria de Morel. Na perspetiva de Magnan, as degenerescências não constituíam desvios de um tipo primitivo ideal e perfeito, mas desenvolvimentos deficitários motivados por fatores degenerativos e que avançavam de geração em geração. O desequilíbrio mental corresponderia assim a um dado grau degenerativo.

No seio de todo este enquadramento surgiu a Escola Criminal Italiana, conduzida por Cesare Lombroso (1835-1909), logo seguido por Raffaele Garofalo (1851-1934) e Enrico Ferri (1856-1929), emergindo então um novo mundo científico, com a introdução dos princípios gerais darwinistas no campo de ação do Direito Penal, cujos fundamentos se basearam no postulado determinista do comportamento e na rejeição do livre-arbítrio de raiz metafísica.

Cesare Lombroso, médico e professor da Universidade de Turim, encontrou no criminoso uma variedade especial do *homo sapiens,* que seria caracterizada por determinados sinais físicos e psíquicos – o «criminoso nato». Lombroso identificou esta classe de criminosos com a loucura moral, considerando que tais indivíduos apresentavam determinadas características físicas específicas, bem como doenças psiquiátricas e comportamentais bem definidas. O médico italiano identificava três principais causas predisponentes: 1) epilepsia, atuando sobre a estrutura e função da parte do cérebro que controla o movimento; 2) sífilis, ao causar lesões físicas observáveis em autópsias; 3) traumatismos, tais como ferimentos na cabeça.

Em termos da aparência física, Lombroso rotulava os criminosos-natos de «atávicos», conceito derivado da palavra latina *atavus* (ancestral); ou seja, estes indivíduos eram encarados como apresentando reminiscências de características morfológicas peculiares associadas ao homem primitivo, sendo o atavismo uma tendência inata para reverter a um estado evolutivo mais recuado. Para o médico italiano, os traços identificativos desta condição incluíam: testa baixa e inclinada, maxilar inferior e orelhas proeminentes, braços anormalmente longos, insensibilidade à dor e ausência de sentimentos de piedade. Mais tarde, Lombroso acrescentou a este estado características sociais, como o uso de tatuagens e gíria criminal, sugerindo ainda uma conexão frequente com o canhotismo.

Apesar da sua fraqueza conjuntural, a força da teoria de Lombroso residiu no que parecia ser o seu objetivo: fundamentos científicos quantificáveis (Watson, 2011). Tendo então como preocupação principal definir os traços do criminoso nato, os trabalhos de Lombroso concentraram-se no estudo de características físicas do delinquente, como as medidas cranianas, capacidade cerebral, índice cefálico e traços fisionómicos, além de outros indicadores desenvolvidos para se chegar a uma caracterização deste tipo destinado ao crime. Para os criminosos-natos, a tendência para cometer atos antissociais poderia ser considerada natural, decorrendo da sua organização física e, consequentemente, psíquica.

Esta ideia de que o criminoso constituía um tipo antropológico foi muito difundida na época, sendo os criminosos-natos atávicos os que, segundo o pensamento da altura, representariam maior perigo e necessitariam de ser removidos da sociedade, independentemente da gravidade do seu crime. O foco do pensamento jurídico era assim desviado do crime para o criminoso, uma entidade física cujo atavismo poderia ser medido. A velha abordagem filosófica de crime era, deste modo, substituída por um novo método científico de estudo, amplamente definido como positivismo, que redefiniu o conceito de perigosidade, ao salientar o grau de criminalidade do ofensor, em vez da gravidade do delito. Nesta perspetiva "a sentença já não era vista como um castigo, mas um meio de proteger a sociedade" (Barras e Bernheim as cited in Watson, 2011, p.92).

Para além de Lombroso, que se deteve na questão antropológica, destacaram-se igualmente dois dos seus discípulos: Raffaele Garofalo, que sublinhou o elemento psicológico para a explicação do crime, e Enrico Ferri, que realçou na sua investigação criminal os elementos sociológicos.

Raffaele Garofalo, jurista, escreveu, sobretudo, a respeito das reformas práticas da justiça criminal e das instituições legais. Dentro da Escola Italiana, a doutrina do jurista procurou resolver a questão da génese da criminalidade a partir de uma nova definição de crime. Segundo ele, o crime era fruto de uma anomalia moral do delinquente, que o conduzia à violação da integridade social, sendo que tal anomalia poderia ser determinada por estados patológicos. Garofalo, como de um modo geral toda a teoria da Escola Italiana, partia do princípio de que todo o desvio psíquico se fundamentava numa anormalidade orgânica, mesmo que não se pudesse determiná-la com precisão. O fator bio-psíquico deveria ser, portanto, visto como causa principal do crime, podendo, no entanto, ser condicionado pelas circunstâncias do meio físico e social (Carrara, 1998).

Garofalo considerava que a própria sociedade deveria eliminar aqueles que, tomando em consideração o seu comportamento criminal, não se mostravam adaptados à vida social. Na realidade, o jurista foi um acérrimo defensor da pena de morte e da estratégia da eliminação seletiva dos criminosos, tendo apoiado os movimentos de darwinismo social, que preconizavam uma «seleção social dos mais adaptados», transpondo para a sociedade o que considerava ocorrer na Natureza, defendendo, portanto, que também a sociedade poderia proceder a uma espécie de seleção dos indivíduos socialmente mais adaptados.

Enrico Ferri, professor de Direito Penal, enfatizava os fatores sociais na etiologia do crime, sem, contudo, deixar de lado os fatores individuais e físicos. Para ele, a existência de um tipo criminoso congénito, no sentido antropoló-gico, ou seja, portador de um conjunto de traços físicos e psíquicos anómalos, transmissíveis por herança genética, era um facto inquestionável. Porém, um estudo completo da criminalidade, ou seja, dos determinantes das condutas antissociais, dependeria, segundo Ferri, da análise não só do criminoso nato, como de outros tipos de criminosos, fortemente marcados pelas circunstâncias do meio e por especificidades psíquicas.

Ferri encarava a sociedade como "um organismo vivo e natural, defendendo que a reação penal tinha a função de preservação do corpo social relativamente às investidas da criminalidade, sendo o Direito Penal o meio através do qual se garantiria a defesa social, de modo a assegurar o bem-estar de todos os mem-bros" (Santos as cited in Pais, 2004, p.109). Desta forma, o professor italiano retirava da pena o seu carácter de sofrimento, associado às ideias de expiação e retribuição da época medieval, passando a falar, não de *delito* nem de *pena*, mas de *ofensa* e de *defesa*." (Ferri as cited in Pais, 2004 p. 109).

Tendo sido ativista do Partido Socialista italiano, Ferri focou a atenção na necessidade do Estado providenciar um conjunto de medidas preventivas da criminalidade, que permitissem atuar, quer ao nível das causas sociais do crime, quer em certos preceitos legislativos considerados menos adequados (a título de exemplo, Ferri considerava que a autorização do divórcio impediria a prática de outros crimes, nomeadamente a bigamia, o adultério e alguns homicídios; neste sentido, a descriminalização de determinados comportamentos contribuiria para a prevenção da criminalidade genericamente considerada) (ibidem). Estes métodos «substitutivos penais», como lhes chamou, transformar-se-iam no modo principal de proteção social face ao crime e a pena criminal passaria a desem-penhar apenas um papel secundário e residual. Para Ferri, o objetivo principal desta sua teoria era, sobretudo, acabar com uma certa forma de pensamento, que se mostrava reativa, no que se refere ao evitamento da patologia social; legislava-se apenas, em vez de a prevenir com medidas concretas (Pais, 2004).

Apesar de algumas discordâncias entre Ferri e Garofalo, sobretudo na fase socialista do primeiro, o certo é que ambos se mantiveram fiéis quanto aos objetivos da Escola Positiva, no que se referia à construção de uma proteção penal científica baseada na defesa social e no conhecimento do delinquente, procurando, portanto, inverter as conceções do Direito Penal Clássico. A ideia de julgamento de um indivíduo dotado de livre-arbítrio, seria então substituída por medidas em função da sua perigosidade (Digneffe as cited in Pais, 2004).

Paralelamente, e em oposição à Escola Criminal Antropológica, assistiu-se ao desenvolvimento da abordagem sociológica do fenómeno criminal. Assim, criava-se em França uma escola fundada por Alexandre Lacassagne (1843-1924), professor de Medicina Legal em Lyon, na qual se procurava explicar o crime unicamente através de fatores criminógenos, não do indivíduo criminoso, mas do ambiente social que o rodeava, adotando uma perspetiva crítica relativamente à interpretação bioantropológica da delinquência e à fundamentação da política da reação penal na ideologia de defesa social (Correia, 1996; Debuyst, 1998). Tal como enuncia Eduardo Correia (1996, p. 5), no seio desta corrente assistiu-se a "uma diversa acentuação do fator exógeno prevalente (o geofísico, o político, o religioso, o económico, etc.), a tal ponto que em relação a um deles – o económico – se cria uma verdadeira escola: «a escola socialista»", que se tornou a principal rival da Escola Italiana de Lombroso.

Lacassagne enfatizava a importância do meio social na explicação do fenómeno criminal e argumentava que este era, sobretudo, produto de causas sociais, como as condições ambientais e habitacionais, a inserção em determinadas culturas ou subculturas, ou a pertença a uma determinada classe socioeconómica, com o seu quadro próprio de oportunidades. Estabelecia então o seguinte paralelismo:

> "O meio é o caldo de cultura da criminalidade, sendo o micróbio o criminoso, ou seja, um elemento que não tem valor a não ser no dia em que encontra o caldo que o faz fermentar" (Lacassagne as cited in Debuyst, 1998, p.344).

Nesta perspetiva, é de assinalar que Alexandre Lacassagne (as cited in Costa, 2004, p. 492) foi o autor da famosa máxima:

> "A sociedade tem os criminosos que merece".

Auguste Tardieu (1818-1879) coadunou-se com o pensamento de Lacassagne. No que respeita à Psiquiatria Forense, Tardieu chamava a atenção para a importância da realização, por parte dos peritos, de um exame clínico-psiquiátrico minucioso relativo aos antecedentes familiares e pessoais dos indivíduos examinados, apurando-se sobre o seu juízo crítico, bem como a sua conduta social e familiar, de modo a poder emitir-se uma opinião sobre a capacidade penal ou civil de uma pessoa.

Émile Durkheim (1858-1917) admitia igualmente a influência de fatores sociais na explicação do fenómeno criminal, afastando-se, por um lado, da conceção que postulava o livre-arbítrio e, por outro, do determinismo bioantropológico característico da primeira fase da obra de Lombroso. Na perspetiva do sociólogo francês (Durkheim, 1977[1]; 2004[2]) as sociedades reagiam de forma direta ou

---

[1] A primeira edição em francês de *A Divisão do Trabalho Social* data de 1893.

[2] A primeira edição em francês de *As Regras do Método Sociológico* data de 1895.

através de mecanismos institucionais, de um modo que nunca era inteiramente racional. Nesta linha de pensamento, Durkheim defendia o carácter irracional da essência penal, próximo do sagrado, residindo nesse aspeto a sua utilidade, na medida em que a reprovação que acompanhava o ato criminoso aproximava as consciências individuais.

Face ao exposto, pode-se inferir que foi esta perspetiva do indivíduo desviante como um anormal que deveria ser corrigido e retirado da sociedade para a proteger que serviu de base ao surgimento da Psiquiatria Forense, nascida no seio da Medicina Legal, a partir da conjugação do saber jurídico com o saber médico, mediante critérios que foram mudando ao longo do tempo.

Em traços gerais, a evolução do pensamento médico-forense em Portugal acompanhou o que se passou nos países mais desenvolvidos da Europa, ainda que de forma lenta.

O ano de 1848 marcou o início da institucionalização da psiquiatria moderna portuguesa, após a abertura de Rilhafoles, o primeiro hospital para alienados, oficialmente estabelecido em 15 de novembro de 1849, sob a direção de Francisco Martins Pulido (1815-1876). Tal marco foi, porém, incrementado através da abertura da segunda instituição do género, o Hospital Conde de Ferreira, no Porto, em 1883, pela figura de António Maria de Sena (1845-1890), seu primeiro diretor. A ele se deveu, não só a fundação da instituição manicomial portuense, mas também a promulgação da primeira lei portuguesa da assistência aos doentes mentais, em 1889, bem como ainda o primeiro estudo estatístico[3] sobre a alienação em Portugal. Sena atribuiu aos alienados o estatuto médico de «doentes», enquadrando-os conceptualmente através de esquemas classificatórios e explicativos baseados em critérios clínicos e etiológicos, tendo gerado conhecimento objetivo sobre a alienação mental em três esferas: estudo da população, estudo clínico dos alienados internados no hospital e estudos laboratoriais.

Na transição do século XIX para o século XX, entre os alienistas portugueses, as figuras que mais se destacaram na Psiquiatria Forense foram Júlio de Matos (1856-1922), Miguel Bombarda (1851-1910) e Sobral Cid (1877-1941).

Os estudos da Escola Italiana de Lombroso, de Garofalo e de Ferri encontraram em Portugal um especial acolhimento e contaram com a adesão de uma plêiade de investigadores que não só divulgou os estudos de Antropologia Criminal, como ainda os impulsionou. Como refere Mário Artur Maldonado (1960), o maior representante da Escola Italiana em Portugal foi, efetivamente, Júlio de Matos, sendo ainda de salientar o nome de Basílio Freire (1857-1927).

Júlio de Matos teve uma influência especial e duradoura na Psiquiatria Forense portuguesa, o que se destacou na sua obra, constituindo uma parte

---

[3] Vd. Sena, A. M. (1884). *Os alienados em Portugal: I-historia e estatistica*. Lisboa: Na Administração d'A Medicina Contemporanea; Sena, A. M. (1885). *Os alienados em Portugal: II-Hospital do Conde de Ferreira*. Lisboa: Na Administração d'A Medicina Contemporanea.

bastante importante da sua produção científica. Sobre este tema escreveu obras valiosas, que tiveram grande impacto e difusão em Portugal e não só.

Em 1884, no *Manual de Doenças Mentaes*, Júlio de Matos criticou a noção de responsabilidade e livre-arbítrio, defendendo o seu estudo segundo métodos positivos e experimentais, advogando um novo regime positivo que pudesse vir a remodelar as instituições judiciais, ao criar uma magistratura especial, baseada no estudo positivo e naturalista do criminoso. A terceira parte do seu *Manual* foi justamente reservada à «medicina legal dos alienados», em que Matos aborda aspetos como o internamento de doentes, as perícias médico--legais, o papel do médico na constatação da presença de alienação mental, os internamentos em hospitais de alienados («sequestração»), a interdição, a validade dos atos, a responsabilidade criminal e a loucura simulada.

Em 1889, Matos já tinha editado a primeira versão do seu livro *A Loucura - estudos clinicos e medico-legaes*, em que consagrou três capítulos à Psiquiatria Forense («Responsabilidade criminal dos alienados», «Os alienados criminosos» e «A psychiatria nos tribunaes»). Esta obra contou com uma segunda edição, em 1913, e uma tradução italiana realizada por Cesare Lombroso[4].

É ainda de referir o monumental prefácio da tradução que Matos fez, em 1893, à maior obra de Garofalo (*Criminologia: Estudo sobre o delicto e a repressão penal*), no qual o médico teceu críticas ao papel do Direito no estudo dos delinquentes, sendo incisivo no ataque à doutrina clássica do livre-arbítrio, afirmando que, ao contrário do que fizera a Medicina no estudo dos micróbios, o clássico Direito Penal não estudara os criminosos, não os categorizara, julgando-os semelhantes a todos os outros homens, acreditando que eram livres nos seus atos e, por conseguinte, responsáveis por eles. Daqui resultaria toda a ineficácia da repressão, o aumento da criminalidade e a própria reincidência do ato criminoso.

Em 1898, Júlio de Matos publicou o seu ensaio *A Paranoia - Ensaio pathogenico sobre os delirios systematisados*. Na primeira parte da obra, escreve sobre a história dos delírios sistematizados, examinando os conceitos de diferentes autores e distinguindo uma fase analítica e uma fase sintética. Na segunda parte, faz a análise crítica do conceito de *paranoia*.

Em 1902, 1903 e 1907 publicou, respetivamente, *Os Alienados nos Tribunaes* I, II e III, volumes de relatórios periciais comentados, em que o autor analisa, ao todo, 61 casos: 48 criminais e 13 cíveis. Matos demonstra sempre uma preocupação em expor a história do caso, o resultado do exame direto do indivíduo e a conclusão, acompanhada pela resposta aos quesitos solicitados e pelo parecer dos membros do Conselho Médico-legal sobre as faculdades mentais dos examinados.

---

[4] Lombroso prefaciou a 1ª Edição da obra *A Loucura: estudos clinicos e medico-legaes*, datada de 1889 sob o título *La Pazzia, em 1890*. A obra original contou com uma segunda edição em português, em 1913, com acrescentos em relação à publicação original.

Em 1911, voltou a publicar as suas lições em livro com a obra *Elementos de Psychiatria*. Nesse mesmo ano, Matos deixou a direção do Hospital Conde de Ferreira, que assumia desde 1890 (após a morte de António Maria de Sena), e rumou a Lisboa, aceitando o lugar de diretor em Rilhafoles, na sequência do assassinato de Miguel Bombarda, em 1910. Aí, veio a enriquecer a sua extraordinária casuística forense, na qualidade de médico alienista do Conselho Médico-legal de Lisboa.

Toda esta produção, acrescentada de numerosos casos médico-legais em diferentes revistas médicas, constitui a maior contribuição nacional para a questão da responsabilidade penal dos alienados, problema que tanto agitou a consciência coletiva e se repercutiu na opinião pública nos finais do século XIX e inícios do século XX.

De facto, a última década de Oitocentos e a primeira de Novecentos foram palco de grandes polémicas e mudanças nas áreas da Psiquiatria e da Psiquiatria Forense. A disputa entre psiquiatras e juristas foi bastante acesa, o que se traduziu em casos mediáticos que incendiaram a opinião pública, nomeadamente o caso do Alferes Marinho da Cruz, que, em 1888, foi condenado a degredo por assassinato, contra o parecer de três médicos alienistas que o examinaram, entre os quais António Maria de Sena e Júlio de Matos, tendo-o categorizado como epilético larvado e irresponsável do crime cometido. A acusação do tribunal e a imprensa política de então não pouparam os médicos. Este caso foi inclusivamente objeto de consulta a conhecidos psiquiatras europeus, no sentido de reforçar as conclusões dos seus colegas portugueses. Até mesmo Lombroso escreveu de Itália uma carta, lida no tribunal pela defesa, onde o médico italiano concluía:

> "Estou plenamente convencido de que Marinho da Cruz é um dos mais accentuados typos da epilepsia larvada, como o era Misdea[5]" (Lombroso as cited in Matos, 1913, p.457).

Neste enquadramento, é de realçar que, em todos os seus trabalhos, desde 1884, Júlio de Matos insistia na promulgação de novas bases jurídicas para a ação dos peritos.

No que se refere a Miguel Bombarda, a Psiquiatria Forense foi, sem dúvida, uma das suas facetas mais relevantes. Tendo sido nomeado diretor de Rilhafoles em 1892, realizou uma profunda reforma naquele hospital.

O seu parecer era continuamente solicitado pelos tribunais, tendo desempenhado a função de médico alienista do Conselho Médico-legal da circunscrição de Lisboa. Como o caracterizou Barahona Fernandes:

---

[5] Militar que, em 1884, foi condenado à pena de morte, em Itália, por assassinato, não obstante os relatórios de Lombroso e de Bianchi.

"Miguel Bombarda soube sempre defender corajosamente a irresponsabilidade penal dos doentes mentais, a ponto de entrar em conflito com os tribunais, os jornalistas e a opinião pública[6]" (Pichot & Fernandes, 1984, p.270).

O alienista foi um admirador confesso da Psiquiatria alemã, divulgando-a em Portugal através da sua obra em revistas e jornais médicos, colóquios, congressos e cursos livres de Psiquiatria. Para além do domínio psiquiátrico, foi ainda autor de trabalhos notáveis nas áreas da Fisiologia e da Sociologia, defendendo a importância dos fatores mesológicos, aproximando-se de Lamarck e inspirando-se particularmente no monismo de Ernest Haeckel (Pereira & Pita, 2006; Pina, 2013).

Para Miguel Bombarda, a sociedade era um organismo que resultava do indivíduo, do meio e da interação de ambos e a Sociologia nada mais representava senão a extensão das ciências biológicas. Com efeito, caberia ao médico a função de curar a doença no corpo individual e de prevenir o seu aparecimento no corpo social (Bombarda, 1900).

De facto, já desde o século XVIII que a Medicina vinha intervindo de forma vincada na sociedade, desenvolvendo um novo olhar totalizador, ao examinar minuciosamente o tecido social e propondo medidas de vigilância, com vista à manutenção da saúde. Nesta perspetiva, Bombarda entendia o manicómio como uma instituição total[7], pelo que criou em Rilhafoles um microcosmos que tinha como finalidade o restabelecimento da saúde mental dos pacientes, não só pelos remédios e tratamentos aí administrados, mas também pelo próprio ambiente do encarceramento, no sentido em que era

---

[6] Tal aconteceu no caso da pintora Josefa Greno, que assassinou o seu marido, Adolfo Greno, a tiro de revólver entre as 4 e as 5 horas da manhã do dia 26 de junho de 1901, em Lisboa. Josefa Greno foi considerada irresponsável pelo crime cometido, em virtude de alienação mental. Pode ler-se o seguinte conjunto de reflexões acerca deste caso perante o público, emitidas pelo Conselho Médico-legal, com Miguel Bombarda como médico alienista e redator: "(...) Uma doida mata o marido. O crime passa-se em condições retumbantes pelo nome das pessoas e pela surpresa do sucesso. E foi tal o eco que encontrou no espírito público (...) que a opinião apenas ficaria satisfeita com uma condenação, que não veio, e recebeu quase como uma violência e uma afronta a sentença de loucura proferida pelo tribunal de peritos. (...) Hoje impõe-se a guilhotina ou a penitenciária àqueles que por efeito de uma doença do cérebro deram em criminosos, desde que o horror do crime apaixona os espíritos e os invadem ondas de indignação". Vd. Conselho Médico-legal de Lisboa, 1902 (Quintais, 2012, p. 143-144).

[7] Segundo Erving Goffman, este conceito designa um vasto grupo de realidades institucionais que funcionam em regime de internamento, onde todos os aspetos da vivência quotidiana do indivíduo internado são realizados num espaço físico e temporal circunscrito e sob uma autoridade única. Por outro lado, cada aspeto isolado da rotina diária é realizado sob controlo e vigilância permanentes e desenrolado a par de um grupo de outras pessoas que realizam precisamente as mesmas tarefas, ao mesmo tempo. Goffman, E. (1961). *Asylums. Essays on the Social Situation of Mental Patients and other Inmates*. New York: Anchor Books, p. 1-124.

esperado que a instituição manicomial criasse uma atmosfera que corrigiria metodicamente as falhas da comunidade social mais ampla, sobretudo mediante uma maximização da vigilância, bem como do estabelecimento de rotinas regulares (Giddens, 2002).

No que se refere às obras de Bombarda, torna-se importante referir *Lições sobre a Epilepsia e as Pseudo-Epilepsias* (1896), na qual o alienista dedicou a atenção à teoria da degeneração, concluindo que os degenerados não integravam a sociedade e não tinham, portanto, qualquer utilidade para a mesma (degeneração extrassocial).

Para além da obra *Lições sobre a Epilepsia e as Pseudo-Epilepsias*, outras produções escritas se destacaram, tais como *O Delirio do Ciume* (1896), *A Consciencia e o Livre Arbitrio* (1898), bem como muitos artigos na Revista *A Medicina Contemporanea: hebdomadario portuguez de sciencias medicas*, da qual foi fundador.

Finalmente, não podia falar-se na Psiquiatria Forense portuguesa, sem mencionar o nome de José de Matos Sobral Cid. Formou-se em Coimbra, onde foi professor de Medicina Legal e membro do Conselho Médico-legal, estando à frente da clínica psiquiátrica. Estudou uma série de casos relacionados com a Psiquiatria Forense, observando cuidadosamente factos mórbidos, de natureza quer somática, quer psicológica.

Em 1911 foi transferido para a nova Faculdade de Medicina em Lisboa, onde ficou encarregado da cadeira de Psiquiatria Forense. Trabalhou no Hospital de Rilhafoles (na altura já Hospital Miguel Bombarda[8]) com o seu mestre Júlio de Matos.

Sobral Cid deixou uma importante obra, em especial no ensino da patologia mental. Além das questões de ensino e cultura, publicou trabalhos da área da Psiquiatria[9], escreveu sobre a reorganização da assistência psiquiátrica[10] e sobre a formação do pessoal auxiliar das organizações de higiene mental. Produziu igualmente brilhantes relatórios médico-legais, com longas e penetrantes análises psicológicas, como *O Caso Franz Piechowski: perseguido-perseguidor e magnicida* (1930); *Psicopatologia Criminal: Casuística e Doutrina* (1934); *Reação antissocial complexa de um perseguido-perseguidor* (1935) (Cid, 1983a).

Sobral Cid lançou ainda as bases da análise clínica dos alienados, desenvolvendo o exame heredo-constitucional e tipológico dos doentes e, em especial, a compreensão da personalidade e vivências dos doentes mentais.

---

[8] Após a morte de Bombarda, em outubro de 1910, o Hospital de Rilhafoles passou a ser Hospital Miguel Bombarda, em homenagem ao seu antigo diretor.

[9] Destaca-se *As Fronteiras da Loucura* (1913), *Clínica das Perturbações da Memória* (1923); *Classificação e Sistemática Geral das Psicoses* (1924), *A Vida Psíquica dos Esquizofrénicos* (1924).

[10] *Processo histórico e moderna orientação da assistência psiquiátrica*, 1932. Cid, J.M. S. (1983). *Obras de José de Matos Sobral Cid: Outros temas psiquiátricos, problemas de ensino e outros temas 1877-1941*. Vol. II. Lisboa: Fundação Calouste Gulbenkian.

ENQUADRAMENTO LEGAL:
DIPLOMAS E REGULAMENTOS NO ÂMBITO DA PSIQUIATRIA FORENSE
EM PORTUGAL NA TRANSIÇÃO PARA O SÉCULO XX

Falar de Medicina Legal remete obrigatoriamente para um momento em que o poder do médico alargava a sua esfera de ação, iniciando os seus embates com outro influente campo do saber, o Direito. Até então, essas competências situavam-se em raios de ação distintos, cabendo ao Direito comprovar a existência do crime e punir o criminoso. Aos poucos, o Direito Positivo assumiu a hegemonia no sistema judiciário. A afirmação da Medicina Legal e a emergência da Psiquiatria e da Neurologia constituíram igualmente um fator de extrema importância, inscrevendo-se num contexto de intervenção e autoridade do médico-perito, chamado a pronunciar-se em áreas tão diversas como a criminalidade, a prostituição ou a alienação mental, isto é, desvios de comportamento e transtornos de conduta que se tornaram uma preocupação crescente do Estado e também da opinião pública (Garnel, 2013).

Em Portugal, até aos finais do século XIX, os tribunais entendiam que qualquer médico, habilitado pela Faculdade de Medicina de Coimbra ou pelas Escolas Médico-Cirúrgicas, poderia ser convocado a depor pericialmente. Contudo, a partir da década de 1880, cresceram as reivindicações para que a distinção entre responsabilidade e irresponsabilidade criminal em virtude de anomalia psíquica fosse apenas confiada a um profissional especialmente preparado para o efeito, com base no argumento de que somente um perito cientificamente qualificado e treinado teria condições de construir um corpo de delito e fornecer os elementos juridicamente relevantes para o tribunal.

O horizonte de confiança na Ciência, particularmente na Ciência Médica, parecia oferecer garantias de fiabilidade pericial, culminando nos diplomas legais que constituíram um marco crucial na História da Psiquiatria Forense portuguesa.

De facto, a organização dos serviços psiquiátricos em Portugal ocorreu apenas a partir do final do século XIX, pois, até essa data, os procedimentos legais ao nível da Psiquiatria Forense eram pautados pelos diplomas em vigor, nomeadamente a *Novissima Refórma Judiciaria*[11], aprovada através do

---

[11] A *Novissima Refórma Judiciaria* esteve em vigor até 1929 (promulgação do Código de Processo Penal), embora completado por abundantíssima legislação avulsa.

33

Decreto de 21 de maio de 1841, o *Codigo Penal, approvado por Decreto de 10 de dezembro de 1852*, e ainda o *Codigo Civil Portuguez, approvado por Carta de Lei de 1 de julho de 1867.*

A necessidade de alterar a legislação penal, em virtude da publicação de um conjunto de articulados[12] que vieram modificar de forma significativa o conteúdo disposto no Código Penal de 1852, conduziu à aprovação da Nova Reforma Penal de 1884 (Lei de 14 de junho de 1884), a qual produziu efeitos consistentes, como a abolição de certas penas, a expulsão definitiva do Reino, a perda dos direitos políticos, a pena de trabalhos públicos, a de degredo e a prisão perpétua.

A publicação sistemática das alterações introduzidas na lei penal levou então à publicação do Código Penal de 1886, por Decreto de 16 de setembro do mesmo ano. Aí, no que diz respeito à especificidade das questões ligadas à inimputabilidade legal do réu, podia ler-se que a falta de imputabilidade constituía uma circunstância dirimente da atividade criminal, não sendo, portanto, suscetíveis de imputação, os alienados desprovidos de intervalos lúcidos, assim como os que, embora tivessem esses mesmos períodos de lucidez, praticassem o ato criminoso no estado de alienação mental[13].

Será ainda de enfatizar que o Código Civil de 1867 previa as situações de interdição, salvaguardando, portanto, em determinadas circunstâncias, os bens dos alienados e da sua família.

De acordo com Júlio de Matos (1884, p. 326-327), o artigo 317º[14] do referido Código Civil, ao instituir o modo de conduzir o processo de interdição, acabava por salientar a extrema importância do exame médico-legal, o qual, nas suas palavras, deveria ser "consciencioso e feito sempre por médicos a quem uma competência especial em assuntos de alienação garanta o título de peritos". Acrescentava ainda ser fundamental que os peritos nomeados para a realização do exame estivessem conscientes das possíveis dificuldades a enfrentar,

---

[12] De sublinhar a Reforma Penal de 1867, que aboliu a pena de morte para os crimes civis, e que introduziu o sistema penitenciário celular, com isolamento diurno e noturno dos presos.

[13] Vd. artigos 41º, 42º e 43º. *Código Penal Português. Nova Publicação Oficial ordenada por Decreto de 16 de setembro de 1886* (Diário do Govêrno de 20 de setembro do mesmo ano), (1919). 7ª Edição. Livro I: Disposições Gerais. Coimbra: Imprensa da Universidade, p. 17.

[14] "A acção de interdição será proposta perante o juiz de direito do domicilio do desassisado, pela fórma seguinte: § 1º. O requerente apresentará ao juiz o seu requerimento articulado e com elle o rol das testemunhas e os documentos que devem comprovar a demencia. § 2º. O juiz, ouvindo o ministerio publico, se este não fôr o requerente, ou, se o fôr, o defensor que nomear, convocará o conselho de familia, que dará o seu parecer. §3º. Se á vista d'este parecer, e de quaesquer outras circumstancias, achar que o requerimento é infundado, este será desde logo indeferido. §4º. Se o conselho de familia fôr a favor do requerente, o juiz procederá ao interrogatorio do arguido, e ao seu exame, por dous facultativos, com assistencia do competente magistrado do ministerio publico. (...)". *Codigo Civil Portuguez approvado por Carta de Lei de 1 de julho de 1867*, (1868). 2ª Edição Official. Lisboa: Imprensa Nacional, p. 58.

devendo estes possuir recursos para ultrapassá-las. Neste sentido, seria muito importante que a prática pessoal os habilitasse a conduzir um interrogatório e a reconhecer os sintomas e sinais de alienação mental, ou seja, a fazer então um diagnóstico preciso e rigoroso.

A execução de exames mentais já se encontrava prevista na *Novissima Refórma Judiciaria*, em 1841, no artigo 1182º[15]. Todavia, estes aconteciam em situações muito restritas, tendo apenas lugar, como ressalvava Afonso Costa (1895), nas situações em que o juiz, por si mesmo, a requerimento do Ministério Público ou de alguma das partes, tivesse fortes motivos para presumir que o réu poderia sofrer de alienação mental, ou no caso de este se encontrar impossibilitado de atender aos termos da audiência, devido a súbita doença grave, manifestada já em tribunal.

O desenvolvimento dos conhecimentos na área da Medicina facultaram, como se verificou, uma nova perspetiva na observação do indivíduo criminoso, pelo que, alguns dos momentos mais relevantes da História da Psiquiatria Forense portuguesa desabrocharam na última década do século XIX, através da organização dos serviços psiquiátricos, sob a forma de legislação avulsa: a Lei de 4 de julho de 1889 («Lei Sena»), primeira lei orgânica referente aos alienados; a Lei de 3 de abril de 1896, («Lei dos Alienados Delinquentes»); a Lei de 17 de agosto de 1899, que instituiu os Serviços Médico-Legais; o Decreto de 16 de novembro de 1899, que regulava os mesmos Serviços; e o Regulamento de 8 de fevereiro de 1900, que norteava a ação da Medicina Legal em todas as comarcas do país.

No que se reporta à Lei de 4 de julho de 1889, António Maria de Sena, eleito Par do reino em 1887, elaborou o projeto de lei que, após aprovação, ficou conhecido como «Lei Sena» e que era composta por doze artigos. Através desta lei, Portugal seria dividido em quatro círculos, ou seja, um no norte do país, outro na região centro, o terceiro abrangendo a região sul de Portugal Continental e Arquipélago da Madeira e o quarto círculo no Arquipélago dos Açores, para efeito de admissão de doentes, mediante construção de quatro hospitais e enfermarias psiquiátricas junto às penitenciárias centrais[16].

A lei de 4 de julho de 1889 procurava, portanto, fazer face ao problema da assistência à alienação mental em Portugal. Contudo, esta lei acabou por ser alvo de duras críticas, nomeadamente por não ter passado do papel.

---

[15] "Se durante a discussão da causa o réo se mostrar com os sentidos alienados, ou perdidos, o Juiz mandará proceder a exame por dous Facultivos; e constando d'elle ser verdadeira a enfermidade, suspenderá a discussão, até que o réo possa responder; verificando-se porém ser fingido o accidente, progredirá na causa sem audiencia do réo". *Decreto de 21 de maio de 1841 que contém a Novissima Refórma Judiciaria com os Mappas da Divisão do Territorio e as Tabellas dos Emolumentos Reformadas em virtude da Carta de Lei de 29 de julho de 1818* (1857). Coimbra: Imprensa da Universidade, p. 257.

[16] Vd. Lei de 4 de julho de 1889. *Collecção Official de Legislação Portugueza – Anno de 1889* (1890). Lisboa: Imprensa Nacional, p. 318.

Em 1896, na sequência do Decreto Ditatorial nº 5, de 10 de janeiro de 1895[17], viria a ser publicada, a 3 de abril, a «Lei dos Alienados Delinquentes», a qual veio regular os procedimentos a tomar, em caso de suspeita de alienação mental de um réu, nomeadamente a realização de exames periciais para apuramento da mesma, bem como a colocação e as saídas dos alienados que praticassem crimes, incumbindo à autoridade administrativa a decisão de os entregar às famílias, ou de os fazer admitir num hospital psiquiátrico[18].

Cerca de três anos mais tarde, a 17 de agosto de 1899, foi promulgada a lei que marcou de forma incontestável a Medicina Forense em Portugal, ao instituir os Serviços Médico-legais[19]. Esta lei era composta por dezanove artigos e dividia o país em três circunscrições médico-legais, instituindo um Conselho Médico-legal na sede de cada uma, ou seja, Lisboa, Porto e Coimbra. Adicionalmente, a lei de 17 de agosto de 1899 procedeu à criação de uma morgue junto da Faculdade de Medicina de Coimbra e das Escolas Médico-Cirúrgicas de Lisboa e Porto, regulando também os montantes envolvidos nas atividades dos Conselhos.

Na execução do comando contido no artigo 18º da Lei de 17 de agosto de 1899, foi publicado o Decreto de 16 de novembro de 1899[20], que veio integrar o Regulamento dos Serviços Médico-Legais, o qual era dividido em sete capítulos.

O primeiro capítulo intitulava-se «circumscripções medico-legaes», dizendo respeito às comarcas que pertenciam a cada circunscrição (artigo 1º) e o segundo regulava o funcionamento das Morgues (artigos 2º a 24º). Já o terceiro capítulo deste decreto intitulava-se «Conselhos Medico-legaes» e era composto por quatro secções: a primeira referia-se à constituição e competência dos Conselhos (artigos 25º a 34º), a segunda secção aos exames por estes realizados (artigos 35º a 50º), a terceira às análises químico-toxicológicas em particular, (artigos 51º a 60º) e a última secção aos recursos e consultas dos Conselhos Médico-legais (artigos 61º a 80º). O quarto capítulo dizia respeito às atribuições e competências dos funcionários auxiliares, tanto no que se referia aos delegados e subdelegados de saúde das três circunscrições médico-legais (artigos 81º a 90º), como aos médicos antropologistas criminais (artigo 91º a 103º). Por sua vez, o capítulo quinto aludia aos exames realizados por médicos comarcãos e por médicos dos Conselhos Médico-legais (artigo 104º a 113º), sendo que o sexto era reservado às situações em que era necessário proceder-se

---

[17] Este decreto procurava regular as obrigações dos peritos com vista à determinação da imputabilidade. Vd. *Collecção Official de Legislação Portugueza – Anno de 1895* (1896). Lisboa: Imprensa Nacional, p. 11-14.

[18] Vd. *Collecção Official de Legislação Portugueza – Anno de 1896* (1897) Lisboa: Imprensa Nacional, p. 139-141.

[19] Vd. *Collecção Official de Legislação Portugueza – Anno de 1899* (1900). Lisboa: Imprensa Nacional, p. 327-328.

[20] Vd. *Collecção Official de Legislação Portugueza – Anno de 1899* (1900) Lisboa: Imprensa Nacional, p. 711-717.

a substituições (artigo 114º a 119º). Por fim, o sétimo capítulo abrangia as disposições transitórias (artigo 120º a 125º).

Para complementar a legislação organizativa dos Serviços Médico-legais, a 8 de fevereiro de 1900, foi publicado o *Questionario e instrucções, que, na conformidade do artigo 7.º da lei de agosto de 1899, devem observar-se nos exames que não forem feitos pelos conselhos medico-legaes*[21]. Este era composto por seis capítulos: «Exames no vivo» (capítulo I); «Exames no cadaver» (capítulo II); «Exames toxicologicos» (capítulo III); «Investigações microscopicas, bacteriologicas e outras» (capítulo IV); «Do relatorio dos peritos» (capítulo V); e «Disposições diversas» (capítulo VI).

A Lei que instituiu os Serviços Médico-legais, bem como o Regulamento e o Questionário que regimentavam a ação da Medicina Legal em todas as comarcas do país, parecem, antes de mais, ter permitido a ocupação de um lugar de destaque por parte da Medicina, nomeadamente da Psiquiatria, na administração da justiça. Através do estudo antropométrico, biológico e social dos autores dos delitos, passou a fazer-se a devida pesquisa biográfica do sujeito criminoso, bem como o inventário das suas faculdades mentais, com o objetivo de se verificar se ele seria suscetível de imputação.

A incontornável importância destes serviços passa, sobretudo, pelo facto de terem emergido de um ponto de confluência entre o Direito Penal e a Psiquiatria. Nesta perspetiva, Júlio de Matos (1903, p.5) afirmava:

> "Os conflitos entre psychiatras e magistrados, que foram moeda corrente nos tribunaes portugueses (...) cessaram definitivamente para nós, mercê desta lei, que a cada um colloca no seu lugar, marcando as respectivas espheras de competencia e mantendo-os independentes".

Perante este enquadramento, percebe-se que o período em que foi promulgada a legislação avulsa, que engloba as referidas Leis de 4 de julho de 1889, de 3 de abril de 1896, de 17 de agosto de 1899, bem como o Decreto de 16 de novembro de 1899 e o Regulamento de 8 de fevereiro de 1900, constitui, sem dúvida, um momento-chave na História da Psiquiatria Forense portuguesa.

Esta legislação avulsa determinou as normas e os procedimentos médico--legais a tomar numa situação de suspeita de alienação mental e o consequente apuramento de responsabilidade criminal.

Assim, no período cronológico em questão, sempre que fosse participado um facto qualificado pela lei de crime ou delito e tal tivesse sido cometido por um indivíduo alienado ou suspeito de padecer de alienação mental, o juiz deveria, por iniciativa e autoridade própria, ordenar exame médico, para se poder averiguar e avaliar se o agente seria suscetível de imputação, em

---

[21] Vd. *Collecção Official de Legislação Portugueza – Anno de 1900* (1901). Lisboa: Imprensa Nacional, p. 16-26.

conformidade com o disposto na legislação penal. Nas situações em que o juiz não ordenava *ex officio* o referido exame, este deveria então ser realizado logo que fosse requerido pelo Ministério Público, por algum familiar ascendente ou descendente, ou pelo cônjuge do autor do ato criminoso[22].

No caso de o ato praticado constituir um crime ou delito a que fosse aplicável algumas das penas maiores, o exame médico-legal deveria ser feito sempre mediante intervenção de dois peritos e, perante um cenário de desacordo, deveria ser mediado por um terceiro, para desempate[23]. Como se pode observar, a lei admitia a divergência entre os peritos, o que deixa transparecer a complexidade desta área da Psiquiatria Forense.

O Artigo 5º da lei de 3 de abril de 1896 instituía que o exame médico-legal deveria ser efetuado na comarca onde o ato criminoso tinha ocorrido, com a condição de aí existir um número suficiente de peritos e se estes fossem da opinião de que haveria condições para realizar tal exame. No caso de não haver número suficiente de peritos na comarca, o exame poderia então vir a ser realizado em qualquer outra comarca mais próxima, desde que aí houvesse o número de peritos exigido por esta lei, salvo o direito do Ministério Público requerer que a observação se fizesse num hospital de alienados[24].

Nas situações em que os peritos fossem da opinião que o exame só poderia ser efetuado numa instituição manicomial, o juiz poderia ordenar a realização do exame médico num hospital de alienados, quer de forma oficiosa, quer a requerimento do Ministério Público, ou ainda a pedido de outra parte legitimamente interessada no processo. O juiz poderia também deliberar que ali se procedesse a um segundo exame médico-legal, no caso do primeiro efetuado pelos peritos comarcãos ter sido insuficiente para se poder avaliar da imputabilidade do(a) autor(a) do ato criminoso[25].

O prazo para a realização dos exames em instituições manicomiais era geralmente de 2 meses, podendo, contudo, haver prorrogação deste, na eventualidade de se verificar a necessidade de uma observação mais longa, ou de haver suspeita de simulação de loucura. Nos casos em que a necessidade dessa prorrogação se verificava, o diretor da instituição para alienados teria de expor ao juiz os motivos pelos quais considerava necessária tal medida, pois só em casos muito excecionais e devidamente justificados é que a observação poderia ir além de seis meses. Após o exame, os peritos teriam então de atestar as suas declarações, as quais ficariam registadas no respetivo auto[26].

---

[22] Vd. artigo 1º da Lei de 3 de abril de 1896. *Collecção Official de Legislação Portugueza – Anno de 1896* (1897). Lisboa: Imprensa Nacional, p. 139.

[23] Vd. artigo 4º da Lei de 3 de abril de 1896. Ibidem.

[24] Vd. artigo 5º da Lei de 3 de abril de 1896. Ibidem.

[25] Vd. artigos 5º e 6º da Lei de 3 de abril de 1896. Ibidem.

[26] Vd. artigo 7º da Lei de 3 de abril de 1896. Ibidem.

Durante o exame, era estipulado por lei a necessidade de cooperação com o trabalho dos peritos, especificando que deveriam ser prestadas todas as informações e esclarecimentos requisitados por estes, não só no que dizia respeito ao ato criminoso e suas circunstâncias, mas também no que se referia ao(à) seu(sua) autor(a)[27].

Quanto aos procedimentos a tomar, no caso de só existir um perito na instituição manicomial, ou, havendo dois, se estes estivessem em desacordo, o juiz que presidisse ao ato deveria ordenar a eleição e notificação de outro médico que se distinguisse pelos seus conhecimentos de patologias mentais[28].

Os peritos, por sua vez, deveriam fornecer as informações necessárias que permitissem uma decisão rigorosa sobre a imputabilidade dos(as) examinados(as), pelo que estes deveriam manifestar se a pessoa sujeita a exame mental padecia de alienação, se se trataria de uma situação permanente ou transitória e ainda se havia praticado o ato delituoso sob a influência daquela moléstia, encontrando--se, portanto, privada da consciência dos próprios atos, ou impedida do livre exercício da sua vontade[29].

Nas situações em que os(as) réus(rés) manifestavam sinais de alienação mental no decurso da instrução de algum processo e se tal fosse comprovado por exame médico, a acusação seria suspensa até que os indivíduos recuperassem o uso normal das suas faculdades mentais[30].

No caso de se verificar algum tipo de indício de alienação mental por parte de um(a) recluso(a), o diretor da cadeia deveria providenciar que este(a) fosse submetido(a) a observação médica[31]. No entanto, se essa observação conduzisse à conclusão de que se tratava de um caso de simulação de loucura, o tempo de observação seria descontado no cumprimento da pena e o(a) recluso(a) incorreria também numa medida disciplinar, desde que fosse autorizada pelo regulamento da cadeia[32].

A partir de 1900, através da lei de 17 de agosto do ano anterior, foram criados os Conselhos Médico-legais[33], que funcionavam nas circunscrições de Lisboa, Porto e Coimbra, constituídos por médicos efetivos, ou seja, profes-sores de Medicina Legal e Anatomia Patológica, um médico alienista e um químico analista (nomeados pelo governo, de entre os que fossem funcionários

---

[27] Vd. artigo 8º da Lei de 3 de abril de 1896. Ibidem.

[28] Vd. artigo 10º da Lei de 3 de abril de 1896. Ibidem, p. 139 e 140.

[29] Vd. artigo 11º da Lei de 3 de abril de 1896. Ibidem, p. 140.

[30] Vd. artigo 12º da Lei de 3 de abril de 1896. Ibidem.

[31] Vd. artigo 20º da Lei de 3 de abril de 1896. Ibidem.

[32] Vd. artigo 24º da Lei de 3 de abril de 1896. Ibidem.

[33] Vd. artigo 3º da Lei de 17 de agosto de 1899. *Collecção Official de Legislação Portugueza – Anno de 1899* (1900). Lisboa: Imprensa Nacional, p. 327.

do Estado[34]); e médicos adjuntos, a saber, os professores de Patologia Geral, de Obstetrícia, de Toxicologia, de Química Orgânica e de Química Inorgânica[35]. Cada um dos médicos adjuntos teria apenas lugar no Conselho, com direito de voto, quando se tratasse de uma matéria da sua competência especial. O Conselho Médico-legal era presidido pelo membro efetivo com maior tempo de docência. Contudo, aos exames médico-forenses efetuados pelo Conselho e que não se realizassem no âmbito de recurso, presidiria sempre o juiz de direito do respetivo processo, porém, isento de voto[36].

Os médicos antropologistas seriam nomeados pelo governo, recrutados de entre os funcionários estatais, a quem competia a organização científica da estatística criminal, bem como a elaboração de um relatório anual, no qual proporiam ao governo as medidas que, tanto a prática do serviço, como o progresso da Ciência Antropológica, viessem a recomendar. Sempre que tal lhes fosse requerido, estes funcionários prestariam esclarecimentos e auxílios profissionais aos magistrados judiciais das três circunscrições, assim como aos respetivos Conselhos Médico-legais[37].

Sempre que houvesse necessidade de se proceder a um exame mental requerido pelo Ministério Público e em casos de maior complexidade, este seria realizado pelo Conselho Médico-legal, o qual deveria ser composto pelo professor de Medicina Legal, pelo médico alienista e por um médico antropologista criminal. O juiz do processo deveria participar o exame ao diretor da Morgue, ficando este encarregado de convocar o competente Conselho, para data e hora certas, e, igualmente, de notificar o juiz, assim que tal fosse determinado, para efeitos legais[38].

O relator dos exames de alienação mental deveria ser o médico alienista. O relatório por ele redigido seria assinado por todos os membros votantes do Conselho Médico-legal, no caso de, após a votação que se seguia à discussão dos resultados, haver consenso. Na eventualidade de haver divergências, deveria ser assinado um parecer especial, largamente fundamentado, que incidiria sobre os pontos de tal dissidência, por cada um dos membros que discordasse do relator[39].

Nos outros casos, sempre que fosse necessária a realização de um exame mental, e desde que houvesse pelo menos dois médicos, este seria realizado pelos peritos comarcãos, fora do Conselho Médico-legal. Impunha-se, portanto, por uma razão prática, delegar competências a médicos de comarca, não só para sistematizar os princípios requeridos pelo dispositivo médico-legal (e as perguntas que este

---

[34] Vd. artigo 5º da Lei de 17 de agosto de 1899. Ibidem, p. 328.

[35] Vd. artigo 4º da Lei de 17 de agosto de 1899. Ibidem, p. 327.

[36] Vd. § 2º e 3º do artigo 4º da Lei de 17 de agosto de 1899. Ibidem.

[37] Vd. artigo 13º da Lei de 17 de agosto de 1899. Ibidem.

[38] Vd. artigos 35º, 37º e 38º do decreto de 16 de novembro de 1899. Ibidem, p. 713.

[39] Vd. artigos 46º, 47º e 48º do decreto de 16 de novembro de 1899. Ibidem, p. 714.

determinava ver respondidas), mas também porque não havia especialistas de Medicina Legal em todo o território. Foi nesse sentido, aliás, que foi promulgado o Regulamento de 8 de fevereiro de 1900, regulador da atuação da Medicina Legal em todas as comarcas do país. Este era composto por um questionário, que pretendia constituir um conjunto de instruções reguladoras da ação médico-legal, fornecendo assim aos médicos comarcãos um modelo de procedimentos a seguir[40].

O primeiro capítulo do citado regulamento, relacionado com a Psiquiatria Forense, continha uma primeira secção, que se reportava aos «exames de alienação mental», cujos parâmetros de apreciação deveriam incluir uma «introdução», a «história do caso», o «resultado direto do exame» e a «opinião»[41].

A «introdução» necessitaria de ser composta por preceitos de cariz burocrático, para assim serem seguidos na elaboração dos relatórios, como a menção da autoridade mandatária do exame, a repetição dos quesitos judiciais e a menção do material em que se baseava o relatório, nomeadamente o processo do examinado, inquéritos especiais e/ou observação e exame diretos[42].

A «história do caso», implicaria o levantamento de aspetos referentes a:

- hereditariedade, para apuramento da existência de doenças nervosas, mentais ou alcoolismo nos familiares diretos do(a) examinado(a);
- infância, nomeadamente pela averiguação de eventuais alterações na evolução normal do indivíduo, a possível existência de doenças infantis e o tipo de educação e conduta na escola;
- puberdade, investigando-se a eventual existência, nessa fase, de episódios casuais sobre quaisquer alterações psíquicas passageiras;
- vida ulterior do(a) examinado(a), que abarcava o estado civil, a existência ou não de descendentes, a relação com o(a) cônjuge, as condições de vida e de higiene, o tipo de trabalho profissional, a possível ocorrência de quedas, acidentes, traumas ou medos, hábitos alcoólicos, a existência ou não de acusações e condenações anteriores, doenças nervosas, tempo de internamento (se este se tivesse efetivado), a descrição do ato criminoso, (tanto segundo o processo, como a versão do(da) arguido(a)) e a conduta do(a) examinado(a) antes e depois do crime[43].

O «resultado direto do exame» deveria constituir uma detalhada inspeção física do(a) suspeito(a) de alienação mental, que englobava a determinação e

---

[40] Vd. «Questionario e instrucções, que, na conformidade do artigo 7.º da lei de agosto de 1899, devem observar-se nos exames que não forem feitos pelos conselhos medico-legaes, de 8 de fevereiro de 1900». *Collecção Official de Legislação Portugueza – Anno de 1900* (1901). Lisboa: Imprensa Nacional p. 16-26.

[41] Ibidem, p. 16-17.

[42] Ibidem, p. 16.

[43] Ibidem.

observação da sua altura, envergadura, forma do crânio, da face, campo visual, audição, gustação e olfato, cavidade bucal, órgãos torácicos e abdominais, sensibilidade táctil, térmica e dolorosa, motilidade, reflexos, exame de urina e fala. Procurava igualmente determinar-se o estado psicológico do indivíduo submetido a exame mental, designadamente a sua atitude, expressão corporal e do rosto, bem como reação a eventuais visitas[44].

Na fase final do interrogatório («opinião»), em que eram reunidos todos os factos apurados, os peritos estabeleceriam se os dados recolhidos eram suficientes para determinar um estado de alienação mental e, em caso afirmativo, necessitariam de proceder à identificação do tipo de patologia em causa, com posterior acompanhamento de uma conclusão e respetiva resposta aos quesitos solicitados[45].

Contudo, nas situações em que não existiam dois médicos em determinada comarca, e havendo possibilidade de se transpor o(a) presumido(a) alienado(a) à presença do Conselho Médico-legal da respetiva circunscrição, o exame seria efetuado pelo mesmo[46]. Tal acontecia igualmente sempre que os peritos comarcãos se viam confrontados com falta de meios e equipamento para a realização do exame, bem como nas situações em que se verificava algum ponto de discórdia entre os médicos da comarca, dúvidas, ou no caso de desconfiarem de simulação por parte do(a) examinado(a)[47].

Nas circunstâncias em que o médico alienista propunha ou o Conselho votava por maioria que o(a) examinado(a) fosse internado(a) num hospital de alienados, em proveito de uma observação mais detalhada, este(a) seria enviado(a) para o hospital da respetiva circunscrição. Neste contexto de atuação, Coimbra pertenceria à circunscrição do Porto, uma vez que, naquela época, não havia nenhum estabelecimento de saúde para alienados na cidade universitária[48]. A observação hospitalar poderia ser acompanhada por qualquer dos membros do Conselho, sendo que, terminada a mesma, o diretor da instituição manicomial enviaria ao diretor da Morgue onde funcionava o Conselho Médico-legal a nota do resultado da observação. Este, por sua vez, remetê-la-ia ao médico alienista para ser considerada no parecer respetivo e convocaria oportunamente o Conselho Médico-legal para discussão desse mesmo parecer.

---

[44] Ibidem, p. 17

[45] Ibidem.

[46] Vd. artigos 104º, e 105º do decreto de 16 de novembro de 1899. *Collecção Official de Legislação Portugueza – Anno de 1899* (1900). Lisboa: Imprensa Nacional, p. 716.

[47] Vd. *Processos do Instituto de Medicina Legal de Coimbra* (1913). Caixa 11, *Série B, processo 44*.

[48] Por vezes, em determinadas circunstâncias, os examinados poderiam ser observados nos Hospitais da Universidade de Coimbra, nomeadamente em situações em que se encontravam internados, sob prisão. Vd. *Registo de Exames Mentaes e Respectivos Pareceres do Conselho Medico-legal,* Livro 11 (1900-1911), processo nº 1, folha 1-10 e processo nº 3, folha 14-16; Livro 10, 1909, 6ª consulta, folha 15-56; *Processos do Instituto de Medicina Legal de Coimbra* (1911, 1913, 1919). Caixa 7, Série A, processo 564; Caixa 11, *Série B, processo 40 e Caixa 24, Série C, processo 297.*

Para que todo o aparelho médico-legal funcionasse da melhor forma, os juízes corresponder-se-iam diretamente com os Conselhos sobre as funções que competiam aos mesmos[49]. Neste sentido, o juiz do processo ou o respetivo agente do Ministério Público, poderia consultar o Conselho Médico-legal da respetiva circunscrição sobre o relatório dos peritos, quer fosse na sua totalidade ou apenas parte dele, sem que as respostas prejudicassem, contudo, a validade dos corpos de delito. No que se referia particularmente aos magistrados judiciais e do Ministério Público das comarcas da Madeira e Açores, estes poderiam igualmente consultar o Conselho Médico-legal de Lisboa[50].

Não obstante transparecerem alguns avanços legais bastante importantes através dos diplomas referidos, a organização da assistência psiquiátrica em Portugal continuava com falhas, nomeadamente no que se referia à aplicabilidade prática da legislação avulsa relativa à colocação dos indivíduos considerados inimputáveis, por razões de alienação mental.

Assim, alguns meses após a proclamação da República, foi promulgado o Decreto com força de Lei de 11 de maio de 1911[51] («Lei Júlio de Matos»), que encontrou na figura de Júlio de Matos o seu principal criador, tendo sido subscrita por personalidades de destaque da Primeira República como Joaquim Teófilo Braga (1843-1924), António José de Almeida (1866-1929), Afonso Costa (1871-1937), José Relvas (1858-1929) e Bernardino Machado (1851-1944). Nas suas linhas gerais, este diploma lançava as bases da organização da assistência psiquiátrica, prevendo o funcionamento de consultas externas e a criação de clínicas psiquiátricas para doentes agudos. Regulava, em bases jurídicas, a organização dos processos relativos à admissão e alta dos doentes e previa também asilos para doentes crónicos, asilos criminais e colónias agrícolas.

Detalhando um pouco, o Decreto de 11 de maio de 1911 apresentava um texto introdutório, aludindo a António Maria de Sena, cujo trabalho tinha originado a Lei de 4 julho de 1889 e que acabou por não conseguir viabilidade prática na construção de quatro manicómios e enfermarias anexas às penitenciárias. Este novo diploma tinha, portanto, a pretensão de contrariar tal situação, apoiando-se na mudança ideológica do regime republicano, com o propósito de edificar sete novas instituições manicomiais e dez colónias agrícolas, assim como toda a regulação técnica e administrativa relativa ao serviço de assistência a alienados. Este tipo de respostas institucionais assumia-se, pois, como uma tentativa de solucionar um problema já evidenciado por Júlio de Matos, anos antes, num interessante trabalho datado de 1908, em que fez o balanço da Psiquiatria em Portugal na época, podendo nele ler-se o seguinte:

---

[49] Vd. artigo 8º da Lei de 17 de agosto de 1899. *Collecção Official de Legislação Portugueza – Anno de 1899* (1900). Lisboa: Imprensa Nacional, p. 328.

[50] Vd. artigo 10º da Lei de 17 de agosto de 1899. Ibidem.

[51] Vd. Decreto de 11 de maio de 1911. *Diário do Govêrno* nº 111/11, Série I, de 13 de maio de 1911, p. 1945-1950.

"A hospitalização dos alienados não é só um problema de beneficiencia; é ainda e sobretudo (...) um problema de defesa social, cuja solução naturalmente incumbe aos Governos (...). Que a iniciativa particular se aproveite e mesmo se fomente, nada mais legitimo; mas que o estado, repousando nella, se desinteresse de uma questão que affecta a ordem actual e futura da collectividade, é absolutamente inadmissivel" (Matos, 1908, p.672).

Nesta perspetiva, o psiquiatra português considerava fundamental que o Estado se responsabilizasse por tal situação, num esforço conjunto com as entidades privadas que começavam, entretanto, a surgir em Portugal.

No mencionado texto introdutório do Decreto de 1911 explicitava-se ainda a intenção de uma clara divisão das instituições para alienados em quatro categorias: a primeira incluía os «manicómios de ensino ou clínicas psiquiátricas», que funcionariam junto das Faculdades de Medicina, para receber casos curáveis e de interesse pedagógico, os quais requereriam um tratamento ativo; a segunda abarcava os «manicómios regionais», que operariam na mesma linha das instituições já existentes na época, destinando-se ao tratamento de casos agudos e crónicos; a terceira era dedicada aos «manicómios criminais», que admitiriam os indivíduos declarados inimputáveis por alienação mental e os que, no decurso do cumprimento das penas, manifestassem sintomas de doença psíquica; finalmente, a quarta categoria era reservada aos «manicómios-asilos», que se destinariam a adultos e crianças padecentes de deficiência mental e contariam com a inclusão de anexos, de feição pedagógica, onde se promoveria a educação de menores. A estas quatro categorias de instituições manicomiais adicionar-se-iam ainda as colónias agrícolas, cuja finalidade seria prestar assistência e conferir uma ocupação terapêutica a um conjunto de doentes. As colónias agrícolas funcionariam numa lógica de rentabilização da miséria social, perfeitamente enquadrada na economia capitalista, que se juntaria à função carcerária, ainda que curativa, em nome dos benefícios terapêuticos que o trabalho obrigatório traria ao doente (Fleming, 1976).

Uma análise mais detalhada dos «manicómios criminais» evidencia que o decreto de 11 de maio de 1911 diferenciava de forma explícita dois tipos de sujeito criminoso («alienados criminosos» e «criminosos alienados»), facto que exigia medidas administrativas distintas, adequadas em função da perigosidade do agente. Com efeito, o primeiro tipo reportava-se aos(às) alienados(as), cujos crimes praticados constituíam episódios acidentais ou fortuitos, fruto da evolução psicopatológica, não revelando, no entender dos médicos, uma perigosidade particular, pelo que não constituíam motivo para internato em instituições manicomiais especiais, podendo assim integrar qualquer uma.

De acordo com o mesmo decreto, o segundo tipo de sujeitos criminosos dizia respeito a indivíduos de uma particular perigosidade, cujos crimes não constituíam um episódio acidental, mas sim uma manifestação da sua própria organização anómala, cuja tendência ao delito desempenhava um papel dominante nas patologias mentais de que sofriam. Era o caso, podia ler-se, dos «loucos morais», dos «epiléticos», dos «impulsivos» e dos que sofriam de «delírio persecutório», os quais, segundos os legisladores, eram mais degenerados que doentes, pelo que a hereditariedade desempenharia aqui um papel de maior destaque relativamente às influências do meio. A esta categoria de alienados competiria, então, o isolamento perpétuo, ou, pelo menos, indefinido em instituições criminais especiais para o efeito, que funcionariam simultaneamente como hospitais, devido à assistência médica de que dispunham, e como cárceres, em virtude das condições de segurança mais severas e do regime interno que as caracterizava.

Verifica-se, portanto, que nesta lei a perigosidade era explicitamente concebida como um critério que exigiria medidas administrativas adequadas, pressupondo uma clara separação entre dois tipos de figuras diferencialmente avaliadas, em função do elemento de perigo que se lhe encontraria associado.

Deste modo, o decreto de 11 de maio de 1911 vinha propor a criação de dois estabelecimentos manicomiais criminais, que deveriam conter 450 camas, salvaguardando-se a possibilidade de alargar aquele número de leitos, se tal fosse necessário.

É de sublinhar o facto de se percecionar, nas respostas institucionais da lei, a conceptualização do indivíduo perigoso como agente degenerativo (Quintais, 2012). Já Michel Foucault (2007) havia sublinhado esta vertente da monstruosidade em que se inscrevia tal indivíduo, violando não apenas as leis da sociedade, mas também as leis da natureza. A este propósito, apontava também Júlio de Matos (1908, p. 671), fiel à sua posição na luta por uma reforma da legislação penal, que substituísse o princípio único da responsabilidade moral pelo princípio objetivo da defesa social:

> "A procriação d'estes seres anormaes constitue, mercê da herança, uma das causas mais poderosas da degenerescencia das raças. Se a piedade nos compelle a protegê-los, os interesses superiores da especie obrigam-nos a evitar o seu convivio".

O alienista portuense colocava, portanto, a tónica no facto de que a hospitalização constituiria, por um lado, um abrigo e um meio de tratamento para os indivíduos que padeciam de anomalia psíquica e, por outro, um instrumento de defesa da sociedade.

Após os esclarecimentos introdutórios que definiam as citadas tipologias manicomiais, o Decreto de 1911 dividia-se em seis capítulos, sendo que o primeiro se reportava aos instrumentos públicos de assistência propriamente ditos (manicómios e colónias agrícolas); o segundo referia a nomeação e atribuição de funções ao pessoal técnico e administrativo, que, por sua vez, deveria ser dividido em pessoal superior e inferior; o terceiro aludia aos instrumentos particulares de assistência, ou seja, as casas de saúde, as policlínicas ou hospitais comuns e os domicílios privados, em que um ou mais alienados se encontrassem isolados; o quarto capítulo era dedicado ao regulamento das admissões, saídas, visitas e correspondência; e por fim, os dois últimos capítulos do Decreto contemplavam os serviços de inspeção técnica e administrativa e os assuntos referentes às despesas e receitas, reservando ainda quatro artigos para as disposições transitórias.

Apesar do Decreto de 11 de maio de 1911 ter sido um dos mais progressistas diplomas regulamentares da assistência psiquiátrica, uma vez mais se verificaram contradições entre o que estava legalmente definido e o que realmente vigorava e orientava as práticas, circunstância tão usual na política de saúde mental portuguesa até então.

Neste sentido, a edificação dos dois «manicómios criminais» projetados, nunca foi, afinal, realizada; o Hospital Júlio de Matos, em Lisboa, o Manicómio Sena e o Hospital Sobral Cid, em Coimbra, e o Hospital Magalhães Lemos, no Porto, só foram criados em 1942, 1945, 1946 e 1962[52], respetivamente; e no que se refere à fundação de colónias agrícolas, na prática, tal só viria a suceder em 1959, sendo que a criação prevista de serviços específicos para doentes «agudos» e «crónicos», nunca chegaria a acontecer (Alves & Silva, 2004).

De todo o plano que traçou no diploma cujas bases gizou, Júlio de Matos, falecido a 12 de abril de 1922, viu apenas ser principiado o hospital moderno, capaz de responder conjuntamente às exigências da assistência, do ensino e da investigação científica que havia projetado, pois, apesar de as plantas datarem de 1913, a sua construção demorou quase 30 anos. Iniciada em 1914, o ritmo das obras encontrou constrangimentos, nomeadamente devido à participação de Portugal na Primeira Guerra Mundial, o que teve como consequência uma redução substancial dos fundos anuais destinados à instituição hospitalar, prolongando de tal modo a sua construção que em 1932 ainda não estava pronta. Em 1933, após ter sido destinada nova verba para a instituição de alienados, procedeu-se a uma segunda fase na sua edificação, facto que conduziu a uma revisão do primeiro projeto, em virtude dos progressos então verificados na área da Psiquiatria, os quais tornavam obsoletas algumas das conceções que tinham servido de base à criação daquele hospital (Fernandes as cited in Soares, 2008).

É interessante verificar que, em traços muito gerais, a «História da Assistência Psiquiátrica» passível de se fazer em Portugal, pela via da documentação legislativa, é semelhante à do resto da Europa. Todavia, a análise comparada daquilo que foi legislado e do que foi implementado evidenciou fortes contradições, isto é, Portugal chegou à vanguarda europeia na criação dos diplomas legais, mas revelava um significativo atraso na sua implementação. Júlio de Matos refletiu exatamente sobre esta questão, escrevendo:

---

[52] A autorização para a construção do Hospital de Magalhães Lemos foi dada em 1953. Contudo, a sua inauguração só sucedeu em 1962.

"Contrasta singularmente, entre nós, com o atraso da assistencia hospitalar, a excellente organização dos serviços medico-legaes relativos a criminosos alienados ou suspeitos de loucura" (Matos, 1908, p.676).

Uma certa desilusão talvez não seja uma descrição excessiva para o estado de espírito de Júlio de Matos, nos últimos anos da sua vida, ao constatar que a República, após cerca de uma década da sua vigência em Portugal, ingressara numa utopia e não conseguira mudar o cenário respeitante à assistência aos alienados, o qual se verificara já no regime monárquico e que constituíra um dos principais objetivos norteadores do texto introdutório do Decreto de 11 de maio de 1911 ("é preciso reparar a monstruosidade que a monarquia nos legou"[53]).

Crises políticas, dificuldades e limitações de ordem financeira, a burocratização dos serviços e constrangimentos externos traduziram-se na lenta construção e tardia abertura das instituições previstas em Portugal. Assim, no primeiro quartel do século XX, o governo português não conseguia dar resposta para fazer face às necessidades existentes na assistência psiquiátrica, nomeadamente no que se referia ao internamento, que auferia de uma importância incontornável no processo assistencial dos alienados, sem o qual, como refere Ana Leonor Pereira (2013, p.161), "simplesmente não seria possível produzir tratados de doenças mentais".

---

[53] Decreto de 11 de maio de 1911. *Diário do Govêrno* nº 111/11, Série I, de 13 de maio de 1911, p. 1945.

PARTE II

CASOS DE IRRESPONSABILIDADE CRIMINAL
POR ANOMALIA PSÍQUICA

CASOS MEDIÁTICOS

1. Rodrigo de Barros Teixeira dos Reis, assassino de Sousa Refoios (1905)

Rodrigo de Barros Teixeira dos Reis nasceu no ano de 1874 em Castelões de Recesinhos, distrito do Porto, e estudou Medicina na Universidade de Coimbra, tendo-se formado em 1901. Desde os tempos de faculdade que começou a desenvolver uma fixação pela ideia de que o Doutor Sousa Refoios[54], seu professor, o perseguia, chegando mesmo a ter estado internado no Hospital Conde de Ferreira, no Porto, de onde acabou por sair, entretanto, ficando livre para consumar o crime sobre a pessoa do prestigiado médico.

Às 19 horas do dia 2 de dezembro de 1905, na Baixa coimbrã, o Professor Sousa Refoios foi alvejado pelas costas à queima-roupa, pelo seu antigo aluno.

O estado de Sousa Refoios foi motivo de consultas e socorros por todos os médicos residentes em Coimbra à época. Foi, inclusivamente, chamado o Dr. Custódio Cabeça, conhecido cirurgião de Lisboa, que se deslocou à cidade dos estudantes no comboio da noite. Contudo, o caso revelou-se irremediável; a operação ainda sugerida tornou-se impraticável e no dia 4 de dezembro, pelas 11 horas da manhã, Refoios sucumbiu aos ferimentos produzidos pelas balas (Pimenta, B., 1905)

Segundo o Jornal *Resistencia*[55] o funeral de Sousa Refoios foi tido como o maior que se vira até então em Coimbra, ao ponto de o comércio fechar portas durante a passagem do cortejo fúnebre.

---

[54] Joaquim Augusto de Sousa Refoios foi um prestigiado médico e Professor da Universidade de Coimbra. Fundou a revista *Movimento Medico*, em 1901, e contribuiu com vários artigos para revistas científicas, sobretudo para *O Instituto, Coimbra Medica* e *A Medicina Contemporanea: hebdomadario portuguez de sciencias medicas*. Publicou ainda estudos relacionados não só com a medicina, mas também sobre outros assuntos, sendo que alguns temas publicados revestiram um carácter político-social. Neste âmbito apresentou em 1880 um relatório ao Governador Civil de Castelo Branco sobre o Colégio jesuíta de S. Fiel, criticando o ensino aí ministrado, a falta de estatutos aprovados pelo Governo, o valor da pensão dos alunos internos, a alimentação fornecida, a despesa mensal do estabelecimento e a não regularidade dos banhos e ginástica. Tal relatório levantou polémica e prejudicou a Companhia de Jesus, facto que haveria de dar origem a rumores implicados com o seu assassinato, 25 anos mais tarde. Vd. Rodrigues, M. A. (dir.) (1992). *Memoria Professorum Universitatis Conimbricensis 1772-1937*. Vol. II. Coimbra: Arquivo da Universidade, p. 226.

[55] Jornal *Resistencia*, nº 1060, 7 de dezembro de 1905, p. 1.

O seu *requiem* recebeu oratória de pessoas ilustres, como Pereira Dias (Reitor da Universidade), Costa Alemão, Egas Moniz, Basílio Freire e Daniel de Matos (Professores de Medicina), Araújo e Gama (Professor de Teologia) e Bernardino Machado (Professor de Filosofia).

A vida na cidade dos estudantes entenebreceu-se, enlutada pelo trágico acontecimento, conturbando a rotina do seu viver habitual, que se desenrolava à volta da Universidade.

No que diz respeito ao destino dado ao assassino de Refoios, este acabou preso na Cadeia Civil de Coimbra. O seu defensor oficioso requereu ao juiz da mesma comarca que fosse convocado o Conselho Médico-legal para proceder ao exame das faculdades mentais do réu, a fim de averiguar se este se encontraria afetado de alienação mental e, caso tal fosse verificado, avaliar se esta patologia se teria manifestado incisivamente na ocasião em que o bacharel perpetrou o crime.

Na prisão, o assassino foi visitado separadamente por cada um dos membros do Conselho[56], prática comum em casos semelhantes, uma vez que não existia nesta época, em Coimbra, um hospital de alienados, sendo necessárias várias observações ao réu para se inferir uma conclusão.

Apesar de ter sido marcado um interrogatório na Morgue de Coimbra, o bacharel revelou-se bastante exaltado, alegando estar mal de saúde, pelo que o juiz requereu ao Conselho Médico-legal que o exame fosse efetuado na prisão.

Assim, no dia 3 de fevereiro de 1906, pelas 12 horas, compareceu numa sala do edifício da Cadeia o juiz da comarca de Coimbra, presidente do Conselho[57], também presente, acompanhado do escrivão, dos oficiais de diligências e de dois agentes da polícia.

Porém, quando o juiz ordenou que trouxessem o prisioneiro à sala onde estava reunido o Conselho Médico-legal, este evocou novamente a sua frágil saúde, que o mantinha de cama, alegando tal razão para a recusa de obediência à intimação. Manifestou ainda a opinião sobre a inutilidade de tal exame, por se considerar capaz psiquicamente, declarando ter cometido o crime com perfeito conhecimento de causa, pelo que postulou dever ser julgado e condenado nesse contexto.

Após toda a insistência do réu na recusa em comparecer junto do Conselho Médico-legal, o juiz de direito questionou Aníbal Costa Maia e Francisco da Cruz Amante se seria ou não conveniente obrigar Rodrigo de Barros Teixeira dos Reis a obedecer, ao que os peritos declararam tal não ser benéfico, uma vez

---

[56] O Conselho Médico-legal era composto por Adriano Lopes Vieira (lente de Medicina Legal e diretor da Morgue de Coimbra), Aníbal Costa Maia (médico alienista e relator) e Francisco da Cruz Amante (médico da Penitenciária e antropologista).

[57] "A estes exames presidirá sempre o juiz de direito do respectivo processo, sem voto (...)", Artigo 36º da Secção II ("Exames feitos pelos conselhos medico-legaes") do Capítulo III ("Conselhos Medico-legaes") do Decreto de 16 de novembro de 1899. *Collecção Official de Legislação Portugueza – Anno de 1899* (1900). Lisboa: Imprensa Nacional, p. 713.

que, muito possivelmente, iria suscitar agitação por parte do réu, o qual poderia entrar num estado que não seria o habitual das suas faculdades. Confrontado com este cenário, o juiz convidou os membros do Conselho a examinar o réu na sua cela, tendo-se estes deparado com o homem ainda deitado, o qual reiterava a vontade de não se levantar, apenas por não se achar ainda bem.

Rodrigo de Barros Teixeira dos Reis acolheu Lopes Vieira, igualmente seu ex-professor, com vários insultos, praguejando e revelando aspirações de o querer ver também junto a Sousa Refoios. Depois de alguma agitação, o réu começou finalmente a responder às perguntas do Conselho Médico-legal, dizendo o seu nome completo, afirmando ter pai e mãe vivos e saudáveis, bem como nove irmãos igualmente sadios. Indicou ainda a inexistência de neuropatias na sua família e acrescentou que tinha estado no Hospital Conde de Ferreira, porque, ao achar-se incomodado, resolvera consultar Júlio de Matos, cujo conselho terapêutico fora apenas que passeasse. Contudo, continuou o réu, uma vez que não se sentia bem, decidiu internar-se, para tratamento naquele hospital.

Quando lhe perguntaram o motivo do seu ato criminoso contra Refoios, explicou ter este decorrido pela forma como o seu antigo professor o havia tratado. Segundo detalhou o réu ao Conselho Médico-legal, certa vez, durante o seu curso de Medicina, analisando os sintomas de um paciente durante três dias, acertara no diagnóstico que Sousa Refoios teria errado, pelo que chegou até a ser elogiado pelo docente, que alvitrara perante os colegas de Teixeira dos Reis um bom futuro para ele, enquanto médico. Apesar disso, após esse episódio, de acordo com o que particularizou o examinado, a atitude de Refoios mudou, passando a exigir-lhe mais trabalho e com prazos mais apertados do que aos seus condiscípulos, não fazendo caso dele nas provas clínicas de formatura e atribuindo-lhe mesmo uma classificação baixa.

Rodrigo de Barros Teixeira dos Reis acrescentou que o seu intuito não era matar Sousa Refoios, mas inutilizá-lo, de modo a que ele nada mais pudesse fazer e ficasse ainda durante alguns anos a sofrer, visto estar certo que o seu antigo professor não teria coragem para se suicidar, ao contrário dele, visto já ter encetado uma tentativa no Hospital Conde de Ferreira, aquando do seu internamento naquela instituição. Comprovou o que dizia, ao exibir perante o Conselho da circunscrição de Coimbra uma cicatriz no pescoço, rematando que a tentativa fora falhada por o ter então assistido Magalhães Lemos, juntamente com outros médicos.

Rodrigo de Barros Teixeira dos Reis afirmou ainda que o crime por ele cometido sobre o Professor tinha resultado da colisão de dois cérebros que não se compreendiam e tal se devia ao facto de um deles "ser muito estupido"[58] (referindo-se a Refoios) e outro "ser muito inteligente"[59] (referindo-se a si próprio).

---

[58] *Registo de Exames Mentaes e Respectivos Pareceres do Conselho Medico-legal* (1900-1911). Livro 11, Exame nº 12, folha 50.

[59] Ibidem.

Questionado sobre ter ou não noção das consequências do seu ato, junto da família de Sousa Refoios e mesmo junto da sociedade em geral, ao ter perdido um médico tão importante, Teixeira dos Reis respondeu que compreendia a falta da vítima para a sua família, mas argumentou ter também ele sofrido e ainda ter ficado prejudicado. Quanto à sociedade, não considerava ter havido qualquer perda, na medida em que denominava Refoios como "uma vulgaridade e apenas um castrador de mulheres"[60]. Os membros do Conselho contrapuseram que, ainda que tal acontecesse durante o procedimento médico, Refoios tinha sido um clínico muito útil à humanidade, por salvar muitas vidas, as quais seriam irremediavelmente sacrificadas sem tal operação. Perante esta observação, o réu questionou prontamente:

> "E para que serve uma mulher castrada? O homem é essencialmente egoista; nós só estimamos os entes pela utilidade que podem ter; e uma mulher assim para nada serve, é como se não existisse (!)"[61].

Os peritos retorquiram que o examinado tinha mãe e decerto a preferiria estéril, mas viva, em vez de morta por uma lesão, cuja cura decorreria de tal operação. Contudo, Teixeira dos Reis limitou-se a objetar:

> "Não senhor, minha mãe castrada era como se não existisse; eu considerava-a como morta (...)"[62].

Ao longo do interrogatório, o réu continuou sempre a manifestar o seu desprezo pela vítima, até que numa censura que abarcava a sociedade médica coimbrã, vociferou:

> "A Faculdade de medicina devia acabar, e ficarem só as Escolas de Lisbôa e Porto, porque na Universidade não sabem ensinar (!) (...) em Coimbra não ha clinicos de merito."[63]

Fazendo os peritos referência a médicos conceituados como João Jacinto e Daniel de Matos, o examinado contrapôs que eram todos umas nulidades, (...) que lhe tinham dado 10 valores, quando ele merecia até 20; que tinha a consciência de que havia de ser um bom clínico, rematando:

> "(...) bem melhor que esse Daniel de Mattos, um Mattos que para ahi há"[64].

---

[60] Ibidem, folha 52.

[61] Ibidem.

[62] Ibidem.

[63] Ibidem.

[64] Ibidem.

Verifica-se neste discurso do réu uma tentativa evidente de manifestar superioridade intelectual e profissional, indo ao encontro do que Júlio de Matos escreveu acerca do comportamento megalómano em indivíduos instruídos:

> "O gráo de instrucção reflecte-se no delirio, imprimindo-lhe aspectos variados. Assim, ao passo que um individuo ignorante (...) se julgará muito rico e muito bem apparentado, outro, mais instruido, crer-se-ha um grande poeta, um politico iminente, um descobridor, um sabio" (Matos, 1884, p. 150).

No relatório, os peritos sublinham que o examinado denotou sempre coerência no discurso face às mesmas questões inquiridas em momentos variados, aquando dos diversos exames que lhe foram feitos. No entanto, no último, na sequência de uma repetida alusão ao seu anterior internamento no Hospital Conde de Ferreira, os médicos do Conselho contam que Rodrigo de Barros Teixeira dos Reis respondeu ter estado lá, com o intuito de estudar doenças mentais, uma vez que essa seria a sua especialidade, podendo ler-se nos comentários dos peritos:

> "(...) esforçando-se sempre por mostrar e convencer que não é um psychopatha (!)"[65].

No que diz respeito à opinião pública, Teixeira dos Reis considerou falsas as informações fornecidas pelos jornais, quando vaticinavam que ele assassinaria Sousa Refoios, quer este lhe tivesse dado boas ou más notas escolares, realçando o facto de nenhum jornalista o ter ainda visitado na prisão para poder apurar a verdade.

Ao longo de todo o interrogatório o réu apresentou sempre uma expressão melancólica, envergando trajes desalinhados e pouco asseados. Nunca se mostrou arrependido do ato que praticara, manifestando até regozijo pela sua concretização. Considerava-se um homem incompreendido pelo seu tempo, estabelecendo inclusivamente uma analogia com a história de Jesus Cristo e afirmando que se tivesse de constituir uma religião, proclamaria o imperativo de assassínio em determinadas situações.

Concluída toda a inquirição, com o intuito de conhecer os antecedentes da vida do réu e da sua família, para que o Conselho Médico-legal pudesse perceber até que ponto seriam genuínas as declarações do bacharel em Medicina, foram solicitados esclarecimentos ao administrador do concelho de Penafiel a 9 de fevereiro de 1906.

Assim, no dia 22 de fevereiro do mesmo ano, tendo por base os factos analisados através dos diversos exames feitos ao réu, as respostas dadas por

---

[65] *Registo de Exames Mentaes e Respectivos Pareceres do Conselho Medico-legal* (1900-1911). Livro 11, Exame nº 12, folha 52.

ele nos interrogatórios a que foi sujeito e as informações obtidas da autoridade administrativa, o Conselho Médico-legal de Coimbra, reunido na sala das sessões, compilou toda a informação, com o seguinte teor:

- ✓ Apesar de o réu ter sido um estudante sempre considerado como fraco por todos os professores, achava-se detentor de uma inteligência capaz de uma classificação superior àquela que tinha obtido.
- ✓ Rodrigo de Barros Teixeira dos Reis classificava de «nulidades» alguns dos clínicos e peritos mais ilustres do país.
- ✓ A explicação dada por Teixeira dos Reis para o ato criminoso - colisão entre dois cérebros que se não compreendiam, por Sousa Refoios ser «excessivamente estupido» e ele, réu, «excessivamente inteligente» - era, segundo os médicos do Conselho, desconexa, incompreensível e incrivelmente audaciosa[66].
- ✓ Ao mencionar figuras suas conhecidas e conceituadas na sociedade médica portuguesa, como Daniel de Matos, o examinado referira-se a elas como meros desconhecidos, procurando assim exprimir o seu desprezo por tais professores, ou então mostrando esquecimento de pessoas com quem tinha lidado ainda há poucos anos, o que, de qualquer forma, de acordo com os peritos, constituía um indício de desarranjo mental.
- ✓ O autor do crime já tinha feito uma tentativa de suicídio.
- ✓ O mesmo já tinha sido internado pela sua própria família num hospital de alienados durante aproximadamente um ano, tendo sido considerado afetado de alienação mental por Júlio de Matos, diretor clínico daquela instituição, saindo de lá com tal diagnóstico e contra a opinião e vontade do mesmo diretor[67]. Não constava ao Conselho que, depois disso, tivesse sido alguma vez dado por curado ou em fase de recuperação.
- ✓ O bacharel em Medicina tinha afirmado que tinha ido para o Hospital Conde de Ferreira por sua livre e espontânea vontade, para assim estudar doenças mentais nesse estabelecimento hospitalar. Pelo contrário, a autoridade administrativa da localidade de onde era natural confirmara que tinha sido a família que tomara a decisão de o internar no hospital, por este manifestar sintomas de alienação mental.
- ✓ Entre os irmãos do réu, havia um que sofria igualmente de doença mental.

---

[66] Ibidem, folhas 54-55.

[67] Rodrigo de Barros Teixeira dos Reis esteve um ano internado no Hospital Conde de Ferreira, entre 22 de maio de 1903 e 22 de maio de 1904. Alguns jornais da época deixaram entrever que o assassino de Sousa Refoios teria saído daquele hospital com alta. Contudo, Júlio de Matos escreveu uma carta que publicou no *Jornal Primeiro de Janeiro* e que foi reproduzida no Jornal *A Folha de Coimbra*, em que afirma que tal era falso, explicando um pouco do estado mental de Teixeira do Reis aquando da sua estadia no Conde de Ferreira. Vd. *A Folha de Coimbra*, nº 455 – ano V, de 8 de dezembro de 1905.

✓ O examinado demonstrava ter perdido as faculdades afetivas, percetível pela falta de repugnância relativamente ao crime que praticara, pela indiferença com que tinha encarado o destino da família da sua vítima, pelo modo como tinha falado da sua mãe, e finalmente porque nunca revelara a menor comoção ou tristeza ao lembrar-se ou lembrarem-lhe da sua própria família.

✓ Por fim, Rodrigo de Barros Teixeira dos Reis continuava a demonstrar ideias agressivas e sem sombra de arrependimento.

Assim, de todo o exposto o Conselho Médico-legal chegara às seguintes conclusões:

a) Que o réu demonstrava padecer de "megalomania das grandezas"[68], não olhando a meios para atingir os seus propósitos e conceções, estando, portanto, disposto a tudo, inclusivamente a assassinar outro ser humano.

b) Que tudo levava a crer que tal estado de alienação mental dataria de uma fase precedente ao seu internamento no Hospital Conde de Ferreira, onde havia manifestado já o propósito de matar Sousa Refoios.

c) Que o crime do bacharel fora cometido sob a influência da já indicada forma de alienação mental[69].

d) Que o examinado tinha predisposição para novos crimes, constituindo um perigo para a sociedade, pelo que, ao não poder ser-lhe imposta responsabilidade pelo assassinato praticado, deveria ser internado definitivamente no Hospital de Rilhafoles, em conformidade com o disposto no artigo 5º[70] da lei de 4 de julho de 1889 e nos artigos 13º[71] e 29º[72] da lei de 3 de abril de 1896.

---

[68] Ibidem, folha 55.

[69] De acordo com o Artigo 43º do Código Penal, que diz: "não têem imputação: (...) os loucos que, embora tenham intervalos lúcidos, pratiquem o facto no estado de loucura (...)". Código Penal Português. *Nova Publicação Oficial ordenada por Decreto de 16 de setembro de 1886* (Diário do Govêrno de 20 de setembro do mesmo ano), (1919). 7ª Edição. Livro I: Disposições Gerais. Coimbra: Imprensa da Universidade, p. 17.

[70] "Os alienados criminosos serão recolhidos e tratados nas enfermarias anexas às penitenciarias centraes, e nas que igualmente lhes são destinadas no Hospital de Lisboa". *Collecção Official de Legislação Portugueza – Anno de 1889* (1890). Lisboa: Imprensa Nacional, p. 318.

[71] "Terão o destino designado no artigo 5º da lei de 4 de julho de 1889 os alienados seguintes:
I. Os que tendo praticado factos puniveis com alguma das penas maiores, não forem pronunciados como auctores do crime por motivo de loucura; II. Os accusados por crime a que a mesma penalidade corresponda, cujo processo esteja suspenso nos termos do artigo antecedente, e os que forem absolvidos com o fundamento de terem infringido a lei em estado de alienação mental". *Collecção Official de Legislação Portugueza – Anno de 1896* (1897). Lisboa: Imprensa Nacional, p. 140.

[72] "Emquanto não existirem as enfermarias annexas ás cadeias penitenciarias, a que se refere o artigo 5º da lei de 4 de julho de 1889, ou o hospital a que se refere o nº 1º do artigo 2º da mesma

A fixação de Rodrigo de Barros Teixeira dos Reis no facto de que Sousa Refoios o teria perseguido, no sentido de o prejudicar, aliada ao delírio de grandezas que manifestava, constituíram o cenário ideal para o desenlace criminoso. A este propósito, já em 1884, dizia Júlio de Matos na sua obra *Manual das Doenças Mentaes*:

> "No periodo de systematisação, idéas ambiciosas complicam muitas vezes o delirio de perseguições. Esta complicação é funesta ao doente e á segurança publica: ao doente porque o conduz mais depressa á demencia, e á segurança publica, porque a convicção megalomaniaca coexistindo com as allucinações do delirio de perseguição leva frequentemente o alienado ao homicidio, cujas consequencias não teme" (Matos, 1884, p. 133).

Perante a morte do Professor Refoios, Coimbra enlutou-se numa consternação coletiva, gerando controvérsia social sobre o facto de se deixar andar à solta indivíduos saídos de um hospital de alienados, com tendências vingativas.

É ainda de ressaltar a polémica que se instaurou na altura do crime, que terá, inclusivamente, conduzido a alguma réstia de dúvidas acerca da hipótese de vingança jesuítica, num pensamento de índole conspirativa, em virtude do envolvimento de Sousa Refoios nas lutas anticlericais e do relatório que escrevera sobre o Colégio de S. Fiel[73]. Quando se soube que o seu assassino frequentara esse mesmo Colégio, a controvérsia foi inevitável, ainda que sem desenvolvimento, dada a inconsistência na asserção dos factos especulados.

Em consequência do parecer do Conselho Médico-legal e mediante o atrás citado artigo 29º da Lei de 3 de abril de 1896, Teixeira dos Reis foi transferido da Cadeia Civil de Coimbra para o Hospital de Rilhafoles, deslocado através de uma guia de trânsito datada de 27 de março de 1906, sob autorização do juiz de direito, António Augusto Freire Ribeiro. O réu deu então entrada nessa instituição de saúde mental a 28 de março do ano enunciado, às 10:30 da manhã, tendo-lhe sido atribuído o nº 398 no Livro 6º do Hospital de São José, referente ao registo de entrada de doentes no Hospital de Rilhafoles[74].

Rodrigo de Barros Teixeira dos Reis aí permaneceu internado até à sua morte, ocorrida a 21 de setembro de 1910, às 19 horas[75], cerca de duas semanas antes da Revolução Republicana.

---

lei, serão remettidos ao hospital de Rilhafolles os alienados a que alludem os artigos 13º 19º, 25º e 27º da presente lei, e alli deverá tambem ser feita a observação dos condemnados em cumprimento da pena, quando não possa effectuar-se convenientemente na respectiva prisão". Ibidem.

[73] Vd. Refoios, J. A. S. (1883). *O Collegio de S. Fiel no Louriçal do Campo e o de Nossa Senhora da Conceição na Covilhã. Apontamentos sobre o jesuitismo no districto de Castello-Branco.* Coimbra: Imprensa da Universidade.

[74] Vd. *Processos do Instituto de Medicina Legal de Coimbra* (1906). Caixa 3, *Série A*, processo nº 295.

[75] Vd. Ibidem.

Pode dizer-se que a morte trágica de Sousa Refoios às mãos da loucura contribuiu para que fosse manifestada cada vez mais a necessidade da realização prática dos largos programas de assistência pronunciados na legislação. Era urgente, portanto, que os diplomas legais portugueses saíssem do papel e tivessem uma maior aplicabilidade prática, a fim de prevenir e combater atos similares ao de Rodrigo de Barros Teixeira dos Reis.

2. Aparício Rebelo dos Santos, assassino de Miguel Bombarda (1910)

Aparício Rebelo dos Santos nasceu em 1878, em Braga. Frequentou os preparatórios na Universidade de Coimbra, para posterior ingresso na Escola do Exército.

Durante a sua passagem por Coimbra, consta que Rebelo dos Santos já teria manifestado alguns sinais de perturbação mental (Antunes & Costa, 2006). Contudo, esta só se revelou mais notória a partir de 17 de março de 1909, quando foi realmente internado no Hospital Militar da Estrela, apresentando ferimentos no pescoço por tentativa de suicídio, embora, como pode ler-se no relatório do Conselho Médico-legal de Lisboa, ele tivesse afirmado que não sabia a razão por que se ferira, desvalorizando-os, uma vez que os ferimentos teriam sido de pouca gravidade. Durante o seu internamento na Estrela, sofreu alguns acessos violentos, tendo-se verificado uma situação em que pegou numa cadeira para agredir um funcionário e uma outra ocasião em que chegou mesmo a agredir um indivíduo. O seu boletim clínico do Hospital Militar relatava ter manifestado, já antes dessa data, um episódio violento perante os seus camaradas militares, na sequência de alucinações auditivas, podendo ler-se no referido documento que o tenente fora sempre "taciturno, desconfiado, pouco communicativo, convivendo muito pouco com condiscipulos e camaradas"[76].

Todo este comportamento agressivo por parte de Aparício Rebelo dos Santos, fez com que os médicos do Hospital Militar equacionassem um diagnóstico de alienação mental e o transferissem para o Hospital de Rilhafoles, a 21 de março de 1909, onde foi internado a cargo de Miguel Bombarda. O diagnóstico, designado por "paranoia primitiva e delirio de perseguição", consta no seu registo de entrada em Rilhafoles, com o número de ordem 1067[77]. Durante os cerca de 9 meses em que aí permaneceu internado, foi sempre considerado um doente perigoso, sujeito a uma vigilância apertada, razão pela qual Bombarda

---

[76] *Morgue de Lisboa – Alienação Mental. Livro de Processos do Conselho Medico-legal* (1910). Processo nº 3, p. 176.

[77] Vd. *Hospital de Rilhafoles, Registos de entrada de homens* (1904-1937). Livro 7195 – consultado na Torre do Tombo a 19/07/2010).

não concordou com a sua saída, ocorrida a 3 de dezembro de 1909, a pedido do pai e por ordem do Ministério da Guerra[78].

Rebelo dos Santos rumou depois a Paris, onde as suas alucinações e delírios se acentuaram, o que acabou por conduzi-lo ao encontro da entidade que o atormentava, «Rilhafoles», sob o efeito de intuições delirantes. De acordo com Diogo Furtado (1952), que assistiu o tenente anos mais tarde, a partir dessa altura desenvolveu-se uma enorme e imaginária batalha na mente de Aparício Rebelo dos Santos, a qual durou muitos meses. A poderosa entidade abstrata perseguia-o e ele procurava desesperadamente algum meio de sair vivo daquela desproporcionada luta.

Segundo o processo consultado, o tenente revelou que gostaria de ter seguido o curso de engenharia, ou mesmo outra carreira qualquer, mas o dito «Hospital» não lhe havia permitido tal liberdade. Não obstante tal perseguição, pôde, no entanto, aprender francês, chegando inclusivamente a fazer a descrição da sua patologia, por escrito, a um médico que tinha consultado em Paris. O mesmo não sucedera com a língua inglesa, cuja justificação assentava na forte influência da entidade que o atormentava, de tal forma, dizia Rebelo dos Santos, que a professora lhe ensinava a pronunciar as palavras de um modo e «Rilhafoles» sussurrava-lhas ao ouvido de outro completamente diferente, pelo que se tinha tornado impossível aprender inglês. Outras vezes, contou ainda o tenente, nas ruas de Paris, o «Hospital» incitava-o a atirar-se para debaixo de um automóvel, pelo que precisava então de fazer um esforço enorme para poder resistir a tais sugestões.

Segundo Rebelo dos Santos, o «Hospital» como que lhe falava e conhecia o seu pensamento, marcando as atitudes de todos os que o rodeavam e tecendo à sua volta uma teia conspirativa. Desesperado, resolvera então procurar ajuda médica na capital francesa, junto dos Doutores Ballot e Babinski[79], expondo por escrito os seus sentimentos e pedindo que lhe dessem resposta às seguintes perguntas, escritas num papel, encontrado na sua carteira:

"1.º - poder-se-hia ver livre d'esta influencia?
2.º - seria necessario entrar n'uma casa de saude?
3.º - e quanto tempo seria necessario para acabar com esta impressão?"[80]

Quanto à resposta a tais questões, ela veio traduzida no seguinte parecer:

---

[78] Vd. *Morgue de Lisboa – Alienação Mental. Livro de Processos do Conselho Medico-legal* (1910). Processo nº 3, p. 177.

[79] Vd. *Relatório da Junta Hospitalar de Inspecção para avaliar a capacidade de Aparício Rebelo dos Santos para o desempenho de serviço militar.* Hospital Militar Principal, 22 de maio de 1929. Documento do Arquivo Histórico Militar.

[80] *Morgue de Lisboa – Alienação Mental. Livro de Processos do Conselho Medico-legal* (1910). Processo nº 3, p. 179.

> "Que a sua doença era *surmenage* intellectual e syphilis mal tratada; se
> entrasse n'uma casa de saude, sahisse logo que se achasse contrafeito; que não
> sabiam quanto tempo seria necessario para a sua cura".[81]

Perante este cenário, Rebelo dos Santos revelou ao Conselho Médico-legal ter chegado à conclusão de que auferia de apenas duas hipóteses para eliminar o seu tormento: ou se matava ou acabava com Rilhafoles.

Resolveu então voltar para Lisboa, idealizando uma forma de atingir o «Hospital», não propriamente na sua estrutura física, mas através do médico que incorporava a alma da instituição hospitalar, Miguel Bombarda (Furtado, 1952). Neste contexto, decidiu pedir uma entrevista a Bombarda, seguramente já com o intento de o matar.

Por volta das 11 horas da manhã de segunda-feira, 3 de outubro de 1910, quando o diretor de Rilhafoles descia dos seus aposentos, no segundo andar do Hospital, para o gabinete da direção no piso térreo, deparou-se com Aparício Rebelo dos Santos e perguntou-lhe:

> "«O que quer de mim, Snr. Rebello?»"[82].

Num gesto arrebatado, o tenente sacou de uma pistola e desfechou um primeiro tiro, a que se seguiram mais alguns, uma vez que o primeiro arremessado falhara o alvo, tendo os restantes projéteis atingido em cheio o ventre de Miguel Bombarda, entretanto conduzido para o Hospital de S. José. Aí, veio a submeter-se a uma cirurgia de urgência, mas não sem antes ter ditado aos que o cercavam o termo de admissão urgente do seu assassino em Rilhafoles, proferindo tratar-se de um alienado, pedindo que não lhe fizessem mal[83].

Já no Hospital de S. José, Miguel Bombarda lutava pela sua vida. Pinto de Magalhães (1910), seu fiel companheiro, descreveu n' *A Medicina Contemporanea: hebdomadario portuguez de sciencias medicas* esse dia 3 de outubro de 1910, bem como os últimos diálogos que travou com a vítima, quando se deparou com ele deitado na marquesa da sala de operações do banco hospitalar (Figura 1). Não mais o largou, à exceção dos escassos minutos em que, a pedido de Bombarda, se ausentou à procura de Brito Camacho e João de Menezes, figuras ligadas à 1ª República, para que o alienista, também ele um republicano ativo, pudesse então falar-lhes.

---

[81] Ibidem.

[82] Bombarda, as cited in ibidem, p. 175.

[83] Vd. Ibidem.

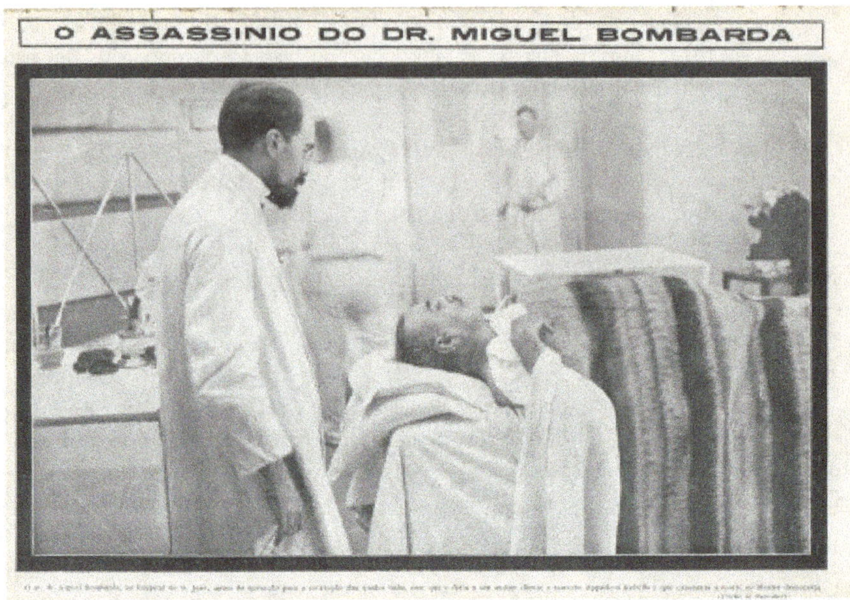

Figura 1. "O sr. dr. Miguel Bombarda no hospital de São José, antes da operação para a extracção das quatro balas com que o feriu o seu antigo cliente, o tenente Apparício Rebello, e que causaram a morte do illustre democrata". Fotografia datada do dia 3 de outubro de 1910.[84]

Antes de chegar o Professor Gentil com os preparativos para a cirurgia, Miguel Bombarda e Pinto Magalhães dialogaram pela última vez. Conta Pinto de Magalhães (1910, p.327):

"Foi antes de chegar o prof. Gentil que este me disse: «Preparado para morrer estava eu, Magalhães; e hoje mesmo, mas não assim!» Perguntei-lhe quem o tinha agredido, e este respondeu-me: «Ora!... quem foi!... Foi um doido! E diziam-me que estava curado! Veja lá você como elle estava curado! E, pouco depois, disse-me: Morrer assim é estupido!... E há tanto malandro que ia ficar radiante!... Esta noite, Magalhães, podia eu morrer pela Republica!...»".

O grande amigo de Bombarda escutou ainda um último pedido seu, antes de proceder à anestesia:

"«Olha que se eu morrer, Magalhães, quero ser enterrado civilmente; toma bem sentido»". (Bombarda as cited in Magalhães, 1910, p.327)

---

[84] Fotografia retirada de *Ilustração Portugueza*, nº 242 (10 de outubro de 1910). doi: http://hemerotecadigital.cmlisboa.pt/OBRAS/IlustracaoPort/1910/N242/N242_item1/P16.html>.

A cirurgia durou pouco mais de uma hora. Magalhães (1910) relata que, após a operação, Bombarda foi levado para um dos quartos do hospital, embora já não resistisse, sucumbindo aos ferimentos profundos, por volta das 18 horas do mesmo dia.

Nas primeiras horas que se seguiram ao atentado, os jornais republicanos espalharam a notícia. O ato parecera, em primeira impressão, resultado de instigação à qual não seriam estranhos os Jesuítas, à semelhança das suspeitas que se tinham levantado, a propósito do assassinato de Sousa Refoios, cinco anos antes, em Coimbra, pela mão de Rodrigo de Barros Teixeira dos Reis, que acabou internado em Rilhafoles.

A similitude nas circunstâncias em que morreram os dois médicos, ambos envolvidos nas lutas anticlericais, poderia evidenciar uma origem comum, segundo as deduções de muitos dirigentes republicanos, apesar de se absterem de a proclamar em público (Relvas, 1977). Todavia, as notícias mais pormenorizadas da morte de Bombarda, publicadas, entretanto, nos jornais da época, dificultaram a defesa consistente de qualquer tese conspirativa, pelo que o próprio Diogo Furtado (1952, p.201), médico militar que prestava assistência a Aparício Rebelo dos Santos, afirmou ser uma "coincidência estranha, a da data [do assassinato] com a data da revolução que implantou a República, mas em qualquer caso, pura coincidência!".

Na manhã do dia 4 de outubro de 1910, iniciou-se uma espécie de romaria para visitar os restos mortais de Miguel Bombarda. A revolução republicana tinha tido início nessa madrugada e muitos queriam homenagear presencialmente Bombarda, antes de irem combater pela pátria (Furtado, 1952).

A autópsia do alienista foi realizada pelas 15 horas do dia 4 de outubro de 1910, na Escola Médica, assistida pelo Conselho Médico-legal Ordinário, pelo Professor Silva Amado, por Pinto de Magalhães, pelo Professor Gentil, por Costa Nery e com a presença de alguns membros da família da vítima. Este procedimento veio revelar que o médico não gozaria de boa saúde, visto apresentar lesões graves e crónicas em órgãos vitais (Magalhães, 1910), daí talvez a sua preocupação em redigir, três meses antes do seu falecimento, o seu desejo de ter uma cerimónia fúnebre civil e não religiosa, pois Bombarda já deveria ter noção de que não se encontrava bem[85].

Entretanto, por requisição do 2º Comandante da Polícia Cívica de Lisboa, Aparício Rebelo dos Santos foi observado pelo médico alienista do Conselho Médico-legal no Hospital de Rilhafoles, de que resultou um relatório sobre o

---

[85] *"Eu, Miguel Augusto Bombarda, lente da Escola Medica de Lisboa, de 59 anos de edade, casado, nascido no Rio de Janeiro, mas portuguez, morador hoje no hospital de Rilhafoles, filho de Antonio Pedro Bombarda e de Maria Teresa Bombarda, não professando a religião catolica, desejo que, por ocasião do meu falecimento, me seja feito o enterro civilmente e por ser esta a minha espontanea e consciente vontade, quero que fielmente se cumpra". Lisboa, 14 de julho de 1910. Miguel Augusto Bombarda.* In Brandão, J. doi: http://www.vidaslusofonas.pt/BOMBARDA.htm

seu estado mental, subscrito por Caetano Beirão e datado de 15 de novembro de 1910. Neste documento é possível perceber que a influência do Hospital de Rilhafoles sobre o tenente não tinha cessado com a morte de Miguel Bombarda. O examinado manifestava a necessidade de acabar com todo o pessoal daquela instituição para poder viver livremente.

Confrontado pelos membros do Conselho sobre os seus episódios violentos, anteriores ao seu primeiro internamento em Rilhafoles, Rebelo dos Santos respondeu que o primeiro, na marcha militar, havia sido provocado pela falta de consideração dos camaradas; quanto às situações ocorridas no Hospital, tinham sido motivadas por aquilo que os empregados diziam dele, desconsiderando-o, fazendo ainda os serviços com o propósito de o incomodar e rebaixar, facto que ele não podia de qualquer forma permitir, motivo pelo qual, não podendo reagir de outra forma, partiria então para a agressão.

Face a todos os elementos recolhidos, em virtude do exame mental efetuado, os membros do Conselho Médico-legal concluíram tratar-se de um caso de paranoia com sintomas de desconfianças e delírio persecutório. De facto, os peritos fazem referência no relatório que, já na primeira estadia em Rilhafoles, o tenente tinha manifestado tais sintomas, pelo que se exercera sobre ele uma vigilância apertada, aplicando-se, por vezes, medidas coercitivas, em virtude das frequentes agressões ao pessoal. Já nessa época Miguel Bombarda havia traçado o diagnóstico de «paranoia primitiva com delirio de perseguição»[86], sendo que, a propósito do crime de homicídio voluntário efetuado por indivíduos que sofrem desta patologia, dizia Júlio de Matos em 1884 na sua obra *Manual das Doenças Mentaes*:

> "Os perseguidos activos, sob a influencia constante de allucinações auditivas de natureza penosa ou aggressiva, degeneram em perseguidores; a idéa de vingança domina-os longo tempo, e um dia, quando menos se espera, lançam-se sobre o primeiro que passa, assassinando-o. O crime é premeditado; ás vezes o perseguido elabora a idéa de aggressão durante mezes e mesmo annos" (Matos,1884, p. 360-361).

Se Miguel Bombarda traçara o diagnóstico de Aparício Rebelo dos Santos já mesmo antes do crime ter ocorrido, após a sua concretização, e perante todos os factos apurados pelos peritos, não seria de todo difícil identificar a patologia de que padecia o assassino do ex-diretor de Rilhafoles. Assim, pode ler-se no relatório a seguinte conclusão do médico alienista:

> "1.º - (...) Apparício Rebello dos Santos se acha afectado de paranoia primitiva com delirio de perseguição;

---

[86] Vd. Ibidem, p. 181.

2.º - (...) practicou o crime de homicidio na pessoa de Miguel Bombarda, debaixo da acção do seu delirio e é, portanto, irresponsavel por elle;

3.º - (...) deve continuar internado n'um manicomio, porque em liberdade póde ser prejudicial para si e para a sociedade"[87].

A 6 de dezembro de 1910, o Conselho Médico-legal reuniu-se no Edifício da Morgue de Lisboa, de acordo com o 2º ponto do artigo 38º[88] do Regulamento dos Serviços Médico-legais, com o propósito de proceder à discussão do relatório resultante do exame mental de Aparício Rebelo dos Santos. Nesta reunião ficou registado que o Conselho aprovou e adotou o parecer do médico alienista substituto (o anterior médico alienista do Conselho era Miguel Bombarda).

Foi então determinado o recolhimento do réu em hospital de alienados. Um desfecho que o Código Penal de 1886 passou a prever no artigo 47º[89] e que Bombarda defendia, tendo mesmo proferido, após ser baleado por Aparício Rebelo dos Santos:

"«Não lhe batam, que é um doido!»"[90].

Após o assassinato de Bombarda, Aparício Rebelo dos Santos permaneceu no Hospital de Rilhafoles até novembro de 1934, data em que foi transferido para a Casa de Saúde do Telhal da Ordem de S. João de Deus, no cumprimento de decisão de transferência de todos os alienados militares para esta instituição (Antunes & Costa, 2006).

Porém, será importante referir que, a 22 de maio de 1929, a Junta Hospitalar de Inspeção do Hospital Militar Principal, encarregou um delegado de ir ao Hospital Miguel Bombarda examinar o tenente, que à data ainda se encontrava ali internado, com o propósito de avaliar a sua capacidade para o serviço militar. Do relatório efetuado, constam as seguintes conclusóes:

---

[87] Ibidem, p. 182.

[88] "O conselho medico-legal constituir-se-ha por fórma differente, segundo a especie de exame. Assim: (...) 2º - Nos exames de alienação mental, será composto do professor de medicina legal, do medico alienista e de um medico anthropologista criminal (...)". Decreto de 16 de novembro de 1899. *Collecção Official de Legislação Portugueza – Anno de 1899* (1900). Lisboa: Imprensa Nacional, p. 713.

[89] Artigo 47º: "Os loucos que, praticando o facto, fôrem isentos de responsabilidade criminal, serão entregues a suas familias para os guardarem, ou recolhidos em hospital de alienados, se a mania fôr criminosa, ou se o seu estado o exigir para maior segurança". *Código Penal Português. Nova Publicação Oficial ordenada por Decreto de 16 de setembro de 1886* (Diário do Govêrno de 20 de setembro do mesmo ano), (1919). 7ª Edição. Coimbra: Imprensa da Universidade, p. 19.

[90] Vd. Magalhães, P. (1910). Miguel Bombarda, V – O funeral. *A Medicina Contemporanea: hebdomadario portuguez de sciencias medicas*, XXVIII, p. 329.

"(...) o tenente Aparicio dos Santos sofre, pelo menos desde 1909, de uma psicose paranoide alucinatoria com Delirio sistematisado de perseguição (Paranoia primitiva dos antigos autores), a qual depois de ter percorrido um período de evolução aguda se encontra estabilizada e chegada á cronicidade. § (...) O tenente Aparicio Rebelo dos Santos não está em condições de prestar serviço militar e deve ser julgado incapaz de todo o serviço"[91].

Aparício Rebelo dos Santos veio a morrer em abril de 1943, vítima de uma neoplasia maligna, finando assim os seus dias na Casa de Saúde do Telhal. Diogo Furtado testemunhou que as ideias delirantes e os fenómenos alucinatórios se foram esbatendo, com o avançar da idade. A atividade delirante, já escassa quando deu entrada na Casa de Saúde do Telhal, manifestada apenas por pequenas excentricidades de conduta, tendeu a desaparecer, mais tarde até a deixar de se manifestar inteiramente. Diogo Furtado enuncia-o, referindo:

"Nos últimos anos da vida de Aparício, [pode] falar-se de cura completa, com *restitutio ad integrum*, porque o processo psicótico lhe não produzira qualquer défice intelectual ou modificação da personalidade que denunciasse a anterior existência" (Furtado, 1952).

3. José Júlio da Costa, assassino de Sidónio Pais (1918)

José Júlio da Costa nasceu a 14 de outubro de 1893 na vila de Garvão, concelho de Ourique, e era filho de Eduardo Brito Júlio e Maria Gertrudes da Costa Júlio, naturais da terra.

Assentou praça no Exército em 21 de maio de 1910, aos 16 anos, como soldado voluntário, encontrando-se no Regimento de Infantaria 16 aquando da revolta republicana, tendo-se batido na Rotunda nos dias 4 e 5 de outubro desse ano.

Em 28 de janeiro de 1911 fez o curso de habilitação para Primeiro-Cabo de Infantaria, oferecendo-se posteriormente, como voluntário, para o Ultramar, seguindo o seu desejo de alargar os horizontes.

Entre o período de 1912 e 1914, José Júlio da Costa serviu em Moçambique, Timor e Angola. Neste último país, participou na batalha de Naulila, em 18 de dezembro de 1914, o que lhe valeu um louvor na folha de serviços.

Mal começou a I Guerra Mundial, voluntariou-se à embaixada francesa, em Lisboa, para combater contra a Alemanha. Todavia, veio a desistir do seu intento por não conseguir passaporte, pelo que regressou a Portugal em setembro de 1915 e abandonou o Exército em abril de 1916 com o posto de Segundo-Sargento.

---

[91] Vd. *Relatório da Junta Hospitalar de Inspecção para avaliar a capacidade de Aparício Rebelo dos Santos para o desempenho de serviço militar*. Hospital Militar Principal, 22 de maio de 1929. Documento do Arquivo Histórico Militar.

Após a saída do Exército, José Júlio da Costa mudou o estilo de vida, casando com uma proprietária alentejana, Maria do Rosário Pereira Costa, de quem não teve filhos.

O ano de 1918 traduziu os conturbados meses do consulado sidonista, que se caracterizaram por uma intensa fase tumultuária em Portugal: as prisões e deportações de elementos republicanos para África; os manejos brutais de uma polícia armada; a epidemia da pneumónica; o mal-estar do exército depois da afrontosa derrota de La Lys (9 de abril); a tentativa revolucionária constitucionalista de 12 de outubro; o massacre da «leva de morte» (16 de outubro); o primeiro atentado contra a vida de Sidónio (6 de dezembro) e os atos de violência que se lhe seguiram (destruição do jornal democrático *O Mundo*, assalto à sede da Maçonaria e às sedes partidárias do Centro Democrático e do diretório do PRP); as constantes greves e as crescentes dificuldades económicas dum país tolhido pelo esforço na Grande Guerra. Em suma, "toda a atmosfera de terror, repressão e morte que envolveu o meteoro sidonista na sua queda" (Franco & Barriga, 2008, p.97-98).

A este pano de fundo, já de si tão sombrio, há que acrescentar, quanto ao caso de José Júlio da Costa, o episódio da ocupação de terras no Vale de Santiago[92]. A posição do antigo combatente da Rotunda não foi apenas a de alinhar sem reservas ao lado dos proprietários dos latifúndios alentejanos, mas pautou-se igualmente por um difícil esforço de conciliação entre as partes em causa: os ocupantes rurais, os proprietários e as forças de ordem. Deste modo, servindo de mediador, José Júlio logrou que se estabelecesse um acordo, pelo qual os ocupantes desocupariam as terras sob condição de não virem a ser molestados pela Guarda Republicana.

Contudo, a atuação daqueles trabalhadores, liderados pela ala anarquista da *Comuna da Luz*, de António Gonçalves Correia, foi considerada como perigosa para a ordem pública, pelo que o Governo não aceitou os termos da proposta, sendo os grevistas severamente punidos e alguns até deportados para África. Este rompimento do compromisso assumido levou José Júlio da Costa a jurar que haveria de vingar os camponeses traídos.

O caso das ocupações do Vale de Santiago pesou fortemente no espírito exaltado deste homem, pelo que decidiu abater a figura que, na sua perspetiva,

---

[92] Num contexto de grande agitação social contra a guerra e as suas consequências, a 20 de maio de 1917, o governo da República respondeu com a suspensão das garantias constitucionais e, a 12 de julho do mesmo ano, com a declaração do estado de sítio, em Lisboa. A 5 de dezembro de 1917, Sidónio Pais avançou para uma revolução financiada pelos grandes proprietários agrícolas alentejanos, contando com o apoio do Partido Unionista. Inicialmente, o povo de Lisboa e parte do operariado apoiaram Sidónio, o que lhe garantia a vitória. Contudo, esse apoio foi-se esbatendo à medida que o governo sidonista desenvolveu a sua ação. Assim, a partir de março de 1918, o movimento popular e o operariado distanciaram-se de Sidónio Pais, generalizando-se a contestação popular que culminou na marcação da greve geral de 18 de novembro de 1918, pela União Operária Nacional. (Piçarra, 2008).

congregava em si a traição ao 5 de outubro, ao exército aliadófilo e aos rurais alentejanos, os quais o próprio pretendera defender junto do Governo. Deste modo, no seu entender, assumindo a tarefa libertária de aliviar Portugal dum *tirano*, ele tomou a decisão de ir a Lisboa para matar Sidónio Pais.

No dia 12 de dezembro de 1918 chegou à capital. Dois dias mais tarde, Costa deslocou-se à Estação do Rossio para dar consecução à sua trama, tendo conhecimento de que Sidónio partiria dali para o Porto.

Perto das onze e meia da noite daquele dia 14 de dezembro de 1918, Sidónio chegava à estação, onde era impressionante o dispositivo policial montado, como forma de prevenção a qualquer atentado, uma vez que a tentativa recente[93] havia falhado, pelo que se tornava imperioso acautelar um novo intento. Após a solenização do evento com o toque do hino nacional, junto à porta da gare, de pistola no bolso, José Júlio esperava a chegada de Sidónio. De súbito, o homem decidiu-se, precipitou-se sobre dois guardas, que empurrou e afastou, rompendo o cordão policial, abrindo assim caminho para alvejar o Presidente com uma Browning.

Sidónio tombou; o Sargento atingira letalmente o chefe do Estado e a balbúrdia instalou-se ali. Ações ripostadas pelo pânico feriram de modo fortuito algumas das pessoas que ali se encontravam, acertando inclusivamente no próprio irmão do Presidente. A multidão em correria gritava, ouviam-se vidros a estilhaçar, davam-se atropelos. Enquanto Sidónio era transportado de automóvel para ser assistido, José Júlio era linchado pela justiça popular (Franco & Barriga, 2008).

Na chegada ao hospital de S. José, após observação do médico Torres Pereira, a vítima veio a falecer pouco tempo depois. Relativamente às alegadas últimas palavras de Sidónio Pais («Morro bem. Salvem a Pátria!»), não terão passado de uma fantasia originada pela fértil imaginação do *Reporter X*, de acordo com o que revelou, anos mais tarde, o escritor Mário Domingues, seu amigo (Ibidem).

No cenário do crime, o assassino, protegido por agentes da autoridade, foi conduzido sob prisão para a casa do correio da estação, onde decorreu um interrogatório em que se apurou o seu nome e sua naturalidade.

José Júlio acabou encarcerado na Penitenciária de Lisboa, onde permaneceu até 1921, sem qualquer julgamento. O processo encontrava-se então parado, na medida em que havia dúvidas acerca do estado das faculdades mentais do prisioneiro. Neste sentido, em junho de 1920, o advogado de defesa requereu um exame de avaliação do estado mental do réu, o qual veio a ser executado por três ilustres alienistas: Júlio de Matos, Sobral Cid e Caetano Beirão.

O parecer elaborado pelos citados especialistas, datado de 10 de fevereiro de 1921, descreve José Júlio da Costa como um indivíduo que parecia não

---

[93] A 6 de dezembro de 1918, dias antes de José Júlio da Costa assassinar Sidónio Pais, o presidente sofrera uma tentativa de homicídio. Veio a saber-se depois que o criminoso era filho de um merceeiro democrático com ligações ao grupo maçónico Pró-Pátria.

se afligir com o seu cárcere, revelando até algum discurso de heroísmo. As suas vivências de soldado em África tinham-no moldado num combatente de ideais patrióticos, não obstante ser contra as guerras mortíferas que enlutam famílias. Contudo, ele encontrara no seu ato a justificação enlevada pelo seu patriotismo relativo a um país que, a seu ver, estaria incrivelmente necessitado de salvação. De resto, o réu julgava-se "na posse de uma completa normalidade de espírito"[94], submetendo-se a um exame psiquiátrico única e exclusivamente porque considerava "que não tinha o direito de intervir na orientação que à defesa entender dever dar o advogado que escolhera para patrono"[95].

De acordo com o relatório dos psiquiatras que o examinaram, o homicida era considerado:

> "(...) em grande parte o produto, como centenas de outros da anarquia mental em que se debatem as sociedades atuais, e um bom exemplar dos descontentes que, na frase de um filósofo francês, ao sereno cumprimento do dever preferem a tumultuária reivindicação de direitos"[96].

Ao longo do documento é possível acompanhar a reflexão dos alienistas que examinaram o homicida, na tentativa de traçar um diagnóstico conclusivo. Neste sentido, excluem diversas hipóteses patológicas que pudessem estar na origem do crime, tais como: «neuropsicose», impulsos com raízes na «epilepsia ou histeria», «comportamentos obsessivos», «alucinação auditiva», «psicose tóxica ou infeciosa», «debilidade mental congénita» e «delírio sistematizado».

No que concerne à negação da existência de impulsos epiléticos ou histéricos, esta é justificada no relatório devido à premeditação do crime, cuja motivação se encontrava bem expressa, não denotando qualquer tipo de amnésia, consciente ou subconsciente, total ou parcial, características de uma situação típica das patologias psiquiátricas atrás referidas.

Já no que se reporta a comportamentos obsessivos, os médicos concluíram que o crime praticado não teria resultado deste tipo de patologia, na medida em que não se verificara qualquer luta entre o impulso criminal e alguma forma de inibição moral, tendo-se até verificado a iniciativa de contornar obstáculos na sua investida para chegar à concretização do seu objetivo, o qual continuava a classificar como fundamental.

Quanto à hipótese de alucinação auditiva, essa foi também rejeitada pelos alienistas, não só porque o examinado nunca tinha acusado qualquer tipo de alucinação, mas também, como pode ler-se no relatório,

---

[94] Vd. Relatório sobre o estado mental do preso José Júlio da Costa (in Silva, 1997, p. 1003).

[95] Ibidem.

[96] Ibidem, p. 1003.

> "(...) porque tendo este fenómeno um carácter involuntário e automático, surge inopinadamente"[97].

De acordo com Júlio de Matos, Sobral Cid e Caetano Beirão, o crime de José Júlio da Costa não era adveniente de uma psicose tóxica ou infeciosa, na medida em que o réu não fazia uso de substâncias inebriantes como álcool, ópio, cocaína ou outras, nem tinha sofrido de infeções para além das próprias da idade infantil.

O assassinato de Sidónio Pais não seria ainda, na convicção dos médicos peritos, manifestação de uma psicose afetiva nem de debilidade mental congénita, visto que o homicida nunca tinha sofrido acessos maníacos nem melancólicos e o seu nível psíquico não era inferior à média.

Por fim, os psiquiatras descartaram também a hipótese de um delírio sistematizado, pois tinham concluído que Costa não sofria de delírio persecutório, não sofria de megalomania, não era um místico, declarara mesmo não ter sido objeto das malquerenças, quer da sua vítima, quer de qualquer outra pessoa, não se considerava possuidor de poderes superiores para reformar a sociedade e manifestava-se alheio a todas as religiões e cultos. Como constantemente declarou aos médicos, praticara o seu crime, porque "a cobardia geral da sociedade portuguesa consentiu em subordinar-se ao domínio discricionário de um ditador"[98].

Através do relatório sobre o estado mental de José Júlio da Costa, fica-se também a saber que ele era uma pessoa pouco afetuosa, classificação, aliás, que se infere das palavras de sua mãe:

> "Não se relacionava com a família senão por forma que mais parecia um estranho, mesmo para sua mulher. A esta coisa alguma dizia de sua vida, nem a consultava para efetuar a venda dos seus bens, a não ser quando tinha necessidade da sua assinatura"[99].

Os três médicos, após um detalhado e rigoroso exame sobre o estado mental de José Júlio da Costa, responderam então aos quesitos formulados pela defesa do arguido, os quais procuraram avaliar se este:

- Revelava ou não um temperamento impulsivo e facilmente irritável. (1º quesito);
- Se encontrava dominado por alguma fixação, sobretudo no que dizia respeito a ideias políticas e humanitárias (2º quesito);
- Apresentava vestígios de ter sofrido qualquer lesão cerebral que pudesse determinar alterações mentais ou excitações de natureza afetiva (3º quesito).

---

[97] Ibidem, p. 1001.

[98] Ibidem.

[99] Ibidem, p. 1002.

Em resposta ao primeiro quesito, os peritos constataram que não se verificava um temperamento impulsivo, mas psicoses constitucionais, em que os impulsos mórbidos podiam representar um síndrome preponderante, obedecendo a duas ordens: uns puramente automáticos, que se realizavam como atos instintivos, podendo ser inconscientes (como se verificava nos casos de «epilepsia») ou conscientes (como se constatava em situações, por exemplo, de «imbecilidade»); outros, de carácter obsessivo, sempre conscientes e determinando, no espírito do doente, uma difícil luta com as forças inibitórias que invariavelmente acabavam por ser vencidas.

Na opinião dos três médicos, o crime praticado por José Júlio não teria sido consequência de um impulso mórbido da primeira categoria, na medida em que tinha sido longamente pensado, nem da segunda, porque teria sido o produto de uma ideia sem emoções a que o seu espírito aderira de forma plena. Acrescentaram ainda que não se verificava um temperamento excitável, mas uma irritabilidade constitucional, denunciada por crises coléricas, insuficientemente motivadas e com raízes numa herança neuropsicopática. Ainda assim, não consideravam que o crime de Costa tivesse resultado de um ato de cólera, porque havia sido planeado e executado em obediência a razões por ele consideradas como perfeitamente justificativas.

No que se refere ao segundo quesito, os peritos clarificaram primeiramente que, em Psiquiatria, se entendia ideia fixa como uma manifestação que irrompia no espírito, em desacordo à habitual ideação do doente, sendo propensa a impedir a normal associação de outras ideias e que, apesar de reconhecida como absurda, não podia ser afastada por um simples esforço de atenção voluntária, tendendo antes a invadir toda a esfera da consciência, causando crises de angústia ao paciente. Tais crises poderiam fazer-se acompanhar de verdadeiros estados de perturbação intelectual se essa ideia possuísse uma natureza impulsiva ou se se caracterizasse por uma forte tonalidade emotiva, visando a realização de um ato absurdo ou perverso, a qual proporcionaria um sentimento de alívio, só depois advindo sentimentos de pesar ou remorso.

Relativamente ao caso específico de José Júlio da Costa, consideravam que as suas ideias humanitárias e políticas faziam parte da sua mentalidade; longe de as combater ou até mesmo de procurar comprová-las, o arguido aceitava-as, fazendo-lhes orgulhosamente propaganda, pelo que essas não constituíam, portanto, ideias fixas, nem apresentavam um carácter mórbido. Os médicos remataram a resposta ao segundo quesito, explicando que a ideia fixa surge sob influência de causas exclusivas ou preponderantemente endógenas, o que não se verificava neste contexto, pois as ideias humanitárias e políticas do réu resultavam do meio social em que este tinha vivido.

Finalmente, respondendo ao terceiro quesito, os três alienistas consideraram não haver no arguido vestígios mentais ou somáticos de qualquer encefalopatia.

Assim, perante todo este cenário, os três peritos que examinaram as faculdades mentais do réu deliberaram o seguinte:

"José Júlio da Costa não é um alienado nem o era ao tempo do crime de que é acusado, não podendo por isso beneficiar da irresponsabilidade que o artº 42º[100] do C. Penal confere aos alienados"[101].

Após o parecer redigido pelos alienistas, o processo do homicida ainda se desenrolou, tendo sido marcado o seu julgamento para o dia 31 de março de 1921 (Franco & Barriga, 2008). No entanto, no dia 2 desse mesmo mês, o médico prisional António José Furtado de Mendonça Boavida enviou um ofício ao Ministério da Justiça, no qual expressava a sua preocupação com o estado mental do réu, realçando a situação ocorrida de uma visita do preso ao seu gabinete, cujas queixas incidiam no facto de não conseguir comer nem dormir frequentemente, fumando desvairadamente, ao mesmo tempo que se exprimia com atitude nervosa, utilizando frases pouco claras, por vezes até mesmo incompreensíveis. Isto para além de ter sido informado pelo pessoal vigilante que o homem denotava uma conduta típica de alucinação auditiva, incluindo crises de agitação e agressividade, o que levou ao parecer convicto do médico da prisão de que seria absolutamente necessária uma reavaliação psiquiátrica[102].

Em virtude deste ofício, o Dr. Pais Rovisco, delegado do Procurador da República no 2º Distrito Criminal de Lisboa, agiu em conformidade com o recomendado pelo médico prisional, contando à revista *ABC* ter requerido nos autos que José Júlio da Costa recolhesse com a máxima urgência e segurança ao Hospital Miguel Bombarda para ali ser devidamente observado. Enquanto o resultado do novo exame psiquiátrico não fosse conhecido, o arguido não poderia ir legalmente a julgamento, facto pelo qual Pais Rovisco concluiu na entrevista concedida à *ABC*:

"[O julgamento] foi adiado o julgamento *sine die*"[103].

Contudo, na tarde do dia 19 outubro de 1921, no âmbito da revolta radical, que ficou conhecida por Noite Sangrenta[104], um numeroso grupo de civis,

---

[100] "Art. 42.º Não são susceptiveis de imputação: §(...) 2º. Os loucos que não tiverem intervalos lúcidos". Código Penal Português. *Nova Publicação Oficial ordenada por Decreto de 16 de setembro de 1886* (Diário do Govêrno de 20 de setembro do mesmo ano), (1919). 7ª Edição. Coimbra: Imprensa da Universidade, p. 17.

[101] Ibidem.

[102] Vd. Relatório sobre o estado mental do preso José Júlio da Costa (in Silva, 1997).

[103] "ABC ouve o dr. Pais Rovisco sobre o assassino de Sidónio Pais", artigo publicado em 29 de setembro de 1921 (in Franco & Barriga, 2008, p. 107).

[104] O golpe estalou na madrugada de 19 de outubro de 1921, em que os revoltosos, constituindo uma junta revolucionária, se instalaram no Parque Eduardo VII, tendo do seu lado os setores republicanos radicais da Marinha e da Guarda Nacional Republicana. As forças afetas ao Governo, comandos militares e policiais, não conseguiram controlar a situação. Na apelidada Noite Sangrenta, foram assassinados em Lisboa António Granjo, primeiro-ministro demissionário,

armados de baioneta, invadiu o Hospital Miguel Bombarda e "obrigou Sobral Cid a entregar José Júlio da Costa", como conta Leal de Zêzere (1955, p. 158), um dos doentes que se encontravam internados na mesma instituição aquando desta ocorrência, no seu livro.

Perante este facto, não se sabe se, porventura, terá sido elaborado um posterior relatório sobre o estado mental de José Júlio da Costa, devidamente atualizado, no seio do internamento hospitalar. Na verdade, tratando-se de um caso singular, o réu poderia ainda estar a ser submetido a observação, por parte dos médicos alienistas, à data em que foi raptado do Hospital Miguel Bombarda, se for tida em conta a aplicação legal, de acordo com o previsto a este propósito no artigo 7º,[105] da Lei de 3 de abril de 1896, uma vez que podia haver, em casos muito especiais, observações psiquiátricas que levariam mais de seis meses. Uma segunda avaliação sobre o estado mental do homicida de Sidónio Pais teria constituído uma fonte importante e ofereceria um cabal contributo para a elucidação deste caso. Todavia, não foi encontrado nenhum registo da existência de tal documento.

Durante mais de um ano, a agitação política vivida pelo país desviou a atenção do desaparecimento de José Júlio. Ora, a 20 de janeiro de 1923, Rocha Martins veio relançar o assunto no seu folheto semanal *Fantoches*, desvendando o abrigo do assassino de Sidónio Pais, refugiado no Norte do país, sob alçada e proteção de indivíduos da região ligados ao Partido Democrático.

Nove meses mais tarde, a 20 de outubro de 1923, José Júlio da Costa viria finalmente a ser localizado em Nine, concelho de Vila Nova de Famalicão. Contudo, a sua captura só ocorreu em 1927, despoletada pela transição política iniciada através do golpe militar de 28 de maio de 1926, que resultou na queda da I República.

Porém, a captura deste homem não foi efetuada por nenhum nome sonante da República Nova, mas sim por António Maria Fernandes, um funcionário público residente em Alfama. Sidonista convicto, António Maria Fernandes tinha participado ativamente na Revolução de 5 de dezembro.

---

o almirante Machado Santos, o "herói da Rotunda" no 5 de outubro, o comandante Carlos da Maia, que liderou a revolta da Marinha no mesmo 5 de outubro, o comandante Freitas da Silva, chefe de gabinete do ministro da Marinha, o coronel Botelho de Vasconcelos, antigo ministro de Sidónio Pais, e o motorista Jorge Gentil (Serrão, 1991).

[105] "O exame nos estabelecimentos de alienados será ultimado dentro do praso de dois mezes; este praso, porém, deverá ser prorogado se houver suspeita de simulação de loucura, ou necessidade justificada de uma mais longa observação. § Iº O director do estabelecimento de alienados exporá ao juiz os motivos pelos quaes julgue necessária a prorogação do praso, que, só em caso muito excepcional e devidamente justificado, poderá ir além de seis mezes. (...)". *Collecção Official de Legislação Portugueza – Anno de 1896* (1897). Lisboa: Imprensa Nacional, p. 139.

A 23 de dezembro de 1926, o Ministério do Interior tinha emitido uma credencial, onde era solicitada às autoridades a concessão do auxílio necessário a Fernandes na sua demanda. No dia seguinte, o antigo contínuo iniciou a sua caça ao homem.

Após algumas semanas de investigação, constatou-se que José Júlio da Costa continuaria no Norte do país, em Matosinhos, sob proteção de Alberto Midões[106]. Deram com ele pálido, deveras magro e confuso. Prenderam-no de seguida.

No dia 15 de janeiro de 1927, o assassino de Sidónio Pais foi transportado de comboio para Lisboa, até à estação de Entrecampos, onde foi desembarcado por volta das duas da tarde, por entre apertado dispositivo militar. De acordo com *O Século*, de 16 janeiro, a notícia da chegada de José Júlio da Costa "não era conhecida do público, apenas os jornais estavam informados de que o criminoso desembarcaria na estação de Entrecampos" (Franco & Barriga, 2008, p. 119), pelo que não se avistava muito movimento no momento da chegada do ex-sargento.

José Júlio da Costa apeou-se, acompanhado sob detenção por António Maria Fernandes (Figuras 2 e 3).

Figura 2. José Júlio da Costa, acompanhado do seu captor, António Maria Fernandes, no cais da Estação de Entrecampos, à saída da carruagem, no dia 15 de janeiro de 1927[107].

---

[106] Chefe civil do Porto, membro da oposição, que foi preso na época do governo sidonista. (Santos, 2010, p. 391).

[107] Fotografia disponibilizada pelo Arquivo da Torre do Tombo, pertencente ao Álbum nº 195 do Serviço de Fotografia do Jornal *O Século*, com o código de referência PT/TT/EPJS/SF/001-001/0195/0065B

Figura 3. José Júlio da Costa e António Maria Fernandes, no meio de uma segurança apertada, a caminho do carro celular, no dia 15 de janeiro de 1927[108].

A impressão causada pelo prisioneiro a um jornalista do *Diário de Notícias* foi, à época, descrita assim:

> "O seu rosto é branco, extremamente branco, como de uma a pessoa há muito encerrada. (...) Chapéu na mão, um chapéu cinzento-claro, quase branco, de vez em quando passa-o pela língua, gesto este que outras vezes repete com dois dedos espalmados (...). Traz um sobretudo castanho, muito engelhado, botas amarelas e camisa de cor alaranjada, sem gravata. A sua cor e a sua magreza impressionam. Ao caminhar, levantava os braços como que a proteger a cabeça de algum golpe iminente, vibrado por mão invisível"[109].

Segundo o citado jornal, José Júlio da Costa foi conduzido a um carro celular das Cadeias Civis de Lisboa, o qual, entre dois pelotões de cavalaria, arrancou em direção ao quartel de Caçadores 5, em Campolide. Coincidentemente, lia-se nesse periódico:

> "(...) a banda de música do batalhão dava o seu concerto semanal, pelo que José Júlio deixa[va] escapar, sempre passeando, algumas notas roucas. O preso canta[va], parecendo alheado a tudo"[110].

---

[108] Fotografia disponibilizada pelo Arquivo da Torre do Tombo, pertencente ao Álbum nº 195 do Serviço de Fotografia do Jornal *O Século*, com o código de referência PT/TT/EPJS/SF/001-001/0195/0066B.

[109] *Diário de Notícias*, de 16 de janeiro de 1927 (in Franco & Barriga, 2008, p. 120).

[110] Ibidem

Finalmente, foi submetido a interrogatório, ao qual terá respondido de forma ininteligível, sendo, por isso, confiado à guarda do quartel de Artilharia 3.

Amadurecida a novidade sobre o aprisionamento de José Júlio da Costa e a sua representatividade política, porém goradas que foram as expectativas de grandes revelações sobre o assassinato de Sidónio Pais, a imprensa foi obliterando o caso e o assassino recolheu à Penitenciária, aguardando um julgamento que, afinal, nunca aconteceu. A este propósito escreveu João Medina:

> "Como no *Processo* de Kafka, [José Júlio da Costa] foi condenado sem nunca conhecer o rosto visível da Justiça humana ou a face misteriosa dum destino maligno que ele julgara inflectir matando o falso Lohengrin" (Medina as cited in Franco & Barriga, 2008).

Com o tempo, José Júlio da Costa foi manifestando sinais cada vez mais visíveis de alienação mental, facto que o levou a ser internado no Hospital Miguel Bombarda, onde entrou, segundo Leal de Zêzere, "num estado lastimoso, tanto moral como fisicamente, envolto em alucinações" (Zêzere, 1955, p. 158). Aí permaneceu até morrer, em 16 de março de 1946, com 52 anos, quase três décadas depois do seu delito criminoso, sem nunca ter sido presente a tribunal.

Através do que consta na certidão de óbito, passada pelo Dr. José Pedro Horta, foi possível apurar que José Júlio da Costa sofreria de «esquizofrenia» (Zêzere, 1955; Medina as cited in Franco & Barriga, 2008).

Sobre a estadia do ex-sargento no Hospital Miguel Bombarda, pouco se sabe. Seria importante e muito interessante ter informações sobre o seu comportamento, a interação que terá mantido com médicos, enfermeiros e companheiros do Hospital. Infelizmente é algo que provavelmente poderá ficar para sempre desprovido de melhor esclarecimento. Médicos e enfermeiros, presos e alienados não deixaram testemunho e os documentos escritos são muito escassos, o que deixa uma enorme lacuna na história do assassino de Sidónio Pais, nomeadamente no sentido de um conhecimento mais apurado acerca do que realmente detonou a motivação do seu crime.

A casuística que se segue resulta de uma pesquisa efetuada no Arquivo da Universidade de Coimbra e no Arquivo da Delegação do Centro do Instituto Nacional de Medicina Legal, onde foram analisados os processos e relatórios de exames mentais efetuados pelo Conselho Médico-legal da circunscrição de Coimbra, entre 1900 e 1926.

Assim, ao todo, no período em questão, foram encontrados e analisados 83 casos, dos quais 77 eram processos criminais e 6 eram cíveis, sendo de sublinhar novamente que alguns relatórios estavam bastante mais completos que outros.

Fazendo uma análise geral e recorrendo a uma muito breve estatística descritiva dos processos consultados, estes revelaram uma enorme discrepância entre o número de homens e de mulheres, pelo que as segundas representam uns escassos 13% da população analisada e os primeiros 87%. Já no que respeita à idade dos(as) examinados(as), a maioria situa-se entre os 21 e os 30 anos.

Dos processos investigados, o crime mais cometido foi homicídio ou tentativa do mesmo, seguido do crime de ofensas corporais, deixando patente que a larga maioria exerceu então crimes contra as pessoas.

No que diz respeito à naturalidade, foi possível verificar que a maioria dos indivíduos sujeitos a exame mental pelo Conselho Médico-legal, na época em estudo, era proveniente de zonas rurais, justificando assim também o elevado número de profissões relacionadas com o trabalho no campo.

Em relação ao estado civil, os(as) examinados(as), na sua maioria, eram solteiros(as), situando-se na mesma linha das estatísticas de todos os países da época em análise (Matos,1884).

Finalmente, no que toca à responsabilidade criminal, 81,2% dos examinados(as) foram considerados(as) inimputáveis, tendo sido, em grande parte dos casos, recomendada a sua sequestração definitiva, ou transitória, num hospital de alienados.

É ainda de salientar que a maior parte dos exames mentais analisados tiveram uma duração entre 1 e 2 meses, tendo sido, até novembro de 1918, quase todos executados na Morgue de Coimbra. A partir dessa data, passaram a realizar-se no Instituto de Medicina Legal de Coimbra, criado precisamente nessa altura. Alguns exames ocorreram nos Hospitais da Universidade de Coimbra e na Cadeia de Sta. Cruz, nomeadamente em situações de doentes perigosos, o que constituía uma tentativa de colmatar a lacuna de, à época em estudo, não existir em Coimbra um hospital para alienados.

Para dar a conhecer algumas das histórias do arquivo da Psiquiatria Forense portuguesa, procurei escolher, para este livro, relatórios em que constava a história do caso versado, o que implicava:

- o levantamento de aspetos referentes à hereditariedade, infância, puberdade e vida ulterior do(a) examinado(a);
- o resultado direto do exame, que consistia numa inspeção física e psico-lógica do(a) suspeito(a) de alienação mental;
- a opinião dos peritos, fase final, onde ocorria a reunião de todos os factos apurados, a reflexão sobre se tais dados seriam efetivamente suficientes para se poder determinar um estado de alienação mental e, em caso afirmativo, identificação da forma mórbida, acompanhada da conclusão e resposta aos quesitos solicitados.

Dentro da análise efetuada ao arquivo dos processos do Conselho Médico-legal de Coimbra, entre 1900 e 1926, foram assim selecionados sete casos (sem contar com o de Rodrigo de Barros Teixeira dos Reis, atrás apresentado): três casos de homicídio, dois de ofensas corporais, um de crime contra a proprie-dade e outro ainda de abuso de liberdade de imprensa. Os diagnósticos são de delírio persecutório, debilidade mental, idiotia, epilepsia, imbecilidade e simulação de loucura. É de salientar que num dos casos analisados existiu reincidência, facto que merece reparo.

Procurou-se, portanto, escolher processos de anos distintos, referentes a indi-víduos de ambos os sexos, de diferentes faixas etárias e com um percurso de vida muito próprio, de forma a conseguir obter variedade e amplitude de informação.

Os casos serão desenvolvidos de seguida, por ordem cronológica, sendo, contudo, por uma questão ética, preservada a confidencialidade da identidade dos(as) examinados(as), mediante a utilização das iniciais do seu sobrenome. A exceção recai sobre o último caso apresentado, em que é mencionado o nome completo do examinado, uma vez que, embora não tenha alcançado a projeção mediática que os casos atrás apresentados tiveram, foi brevemente referido em alguma imprensa da época.

4. Maria da Graça J. (1904)

Em maio de 1904, Maia da Graça J., de 30 anos de idade e natural de Penela, foi pronunciada pelo crime de infanticídio.

Na audiência de julgamento o defensor oficioso alegou que a arguida, pela debilidade das suas faculdades mentais, não tinha a verdadeira e nítida compreensão e responsabilidade dos seus atos.

Em virtude desta alegação, o agente do ministério público requereu o exame mental de Maria da Graça para se apurar da sua responsabilidade, o que foi deferido pelo juiz, determinando que esse exame fosse feito por dois peritos da comarca de Penela, de acordo com o Artigo 5º[111] da lei de 3 de abril de 1896.

Por falta de meios de observação, os peritos comarcãos não puderam responder cabalmente aos quesitos da autoridade judicial, tendo consultado, por essa razão, o Conselho Médico-legal da circunscrição de Coimbra. Todavia, o referido Conselho considerou que o relatório não consignava elementos suficientes para se formar um juízo seguro, pelo que resolveu indicar ao juiz do processo a necessidade de se repetir o exame pelos peritos de Coimbra, de acordo com o artigo 75º, parágrafo único[112], do Regulamento dos Serviços Médico-legais de 16 de novembro de 1899, sendo esta resolução atendida pelo dito juiz, que enviou a arguida para a cadeia de Coimbra, de modo a poder ser observada.

Nos primeiros interrogatórios que lhe foram feitos por Francisco da Silva Basto, médico alienista do Conselho Médico-legal, Maria da Graça ora negava os factos mais importantes, ora declarava que não se lembrava deles. A arguida alegava ainda não saber a sua idade e até nem se recordar de ter sido antes examinada pelos médicos da comarca de Penela. Acrescentou também não ser casada e nunca ter tido filhos.

Destas respostas os peritos do Conselho referem no seu relatório que era manifesta a falta de sinceridade da examinada.

No entanto, recorrendo estrategicamente à promessa de a livrarem de ser condenada a degredo e de a defenderem dos seus inimigos, que a arguida julgava ter em grande número na terra natal, os médicos do Conselho Médico-legal de Coimbra conseguiram que Maria da Graça contasse minuciosamente a sua vida, demonstrando assim a simulação do esquecimento de factos verdadeiros e públicos, como o de ser casada, o de ter filhos e o de ter praticado o infanticídio.

De facto, através do relatório redigido pelo médico alienista, é possível perceber que Maria da Graça tinha casado com um trabalhador do campo, de quem se tinha separado por ele não ganhar meios suficientes de subsistência. Desse casamento havia uma filha. Contudo, a examinada vivia só, numa casa que lhe tinham cedido por caridade. Não tinha nenhuma ocupação e sustentava-se de esmolas que lhe davam espontaneamente as pessoas conhecidas, porque não mendigava.

Segundo o médico alienista do Conselho Médico-legal, estes traços da vida da acusada faziam já suspeitar da existência de uma anomalia mental,

---

[111] "O exame será feito na comarca onde o facto occorreu, se n'ella houver numero sufficiente de peritos, e quando estes forem de opinião que o exame póde ahi ser feito". Vd. *Collecção Official de Legislação Portugueza – Anno de 1896* (1987). Lisboa: Imprensa Nacional, p. 139.

[112] "O conselho poderá tambem indicar a necessidade ou conveniencia de ser repetido o exame pelo proprio conselho. § único. N'este caso o juiz do processo procederá em conformidade com a deliberação e indicações do conselho". Vd. *Collecção Official de Legislação Portugueza – Anno de 1899* (1900). Lisboa: Imprensa Nacional, p. 715.

pois nem de outra forma se explicaria que os vizinhos a socorressem, sendo regularmente robusta e podendo, portanto, trabalhar.

A examinada contou que, na sua terra, era constantemente perseguida pelos homens e daí lhe tinham surgido muitas inimizades, sobretudo das mulheres que, não sendo bem-sucedidas com o sexo masculino, a maltratavam e se tornaram a causa da sua desgraça.

Nesta luta com os seus pretendentes, contou, foi vencida por um indivíduo de Tomar, casado em Penela, com quem teve relações duas vezes.

Passado algum tempo, percebeu que estava grávida, mas replicou nunca ter considerado abortar ou ocultar a gravidez.

Quando sentiu as dores do parto não recorreu a ninguém.

Segundo Maria da Graça J., após ter dado à luz, desmaiou e, quando voltou a si, viu ao seu lado a criança morta que foi colocar debaixo de uma tábua do soalho.

Algum tempo depois, foi chamada à presença do juiz, a quem contou ter, nas suas palavras, "parido um bicho"[113] e que, por isso, o enterrara em casa. O mesmo juiz enviou-a para a cadeia de Penela, onde esteve até ser enviada para Coimbra.

No entender do médico alienista Francisco da Silva Basto, a história da arguida era a prova suficiente da sua imbecilidade, na perspetiva em que, se já alguns factos revelavam bem uma grande inferioridade mental, o caso de infanticídio era, por si, muito significativo. O clínico refere ainda no relatório do exame mental da arguida que esta não tinha um exato conhecimento da sua situação, uma vez que não se preocupava nem com o crime nem com o castigo. Não fazia ainda qualquer ideia dos riscos que um parto sem cuidados e assistência poderia acarretar para uma mãe e para o filho.

Para além disso, não tinha tomado quaisquer precauções para ocultar a gravidez nem para evitar a descoberta do infanticídio, o que mostrava não ter havido premeditação e existir ausência de consciência do ato praticado.

Neste sentido, o referido médico alienista e o médico antropologista, Francisco da Cruz Amante, concluíram, no seu relatório datado de 1 de junho de 1904, que Maria da Graça:

- ✓ Sofria de imbecilidade;
- ✓ Era irresponsável pelo crime que tinha cometido;
- ✓ A ignorância e o esquecimento de factos importantes da sua vida eram, em geral, simulados;
- ✓ Não havendo estabelecimento apropriado para a internar, poderia ser posta em liberdade com vigilância de autoridade, a fim de evitar a repetição do crime ou a prática de quaisquer atos prejudiciais.

---

[113] Vd. *Registo de Exames Mentaes e Respectivos Pareceres do Conselho Medico-legal* (1900-1911). Delegação do Centro do Instituto Nacional de Medicina Legal, Livro 11, exame nº 9, folha 28.

Contudo, estas conclusões não eram partilhadas pelo terceiro membro do Conselho Médico-legal de Coimbra, ou seja, pelo Professor de Medicina Legal e Diretor da Morgue, Adriano Lopes Vieira.

Assim, de acordo com o disposto no artigo 48º[114] do Regulamento dos Serviços Médico-legais de 16 de novembro de 1899, que indicava que, na eventualidade de haver divergências, deveria ser assinado um parecer especial, largamente fundamentado, que incidiria sobre os pontos de tal dissidência, por cada um dos membros que discordasse do relator, Lopes Vieira redigiu um parecer, datado do mesmo dia do relatório do Conselho Médico-legal, em que explicava que a imbecilidade era um estado de fraqueza intelectual congénita, suscetível de muitas gradações e que não importava necessariamente consigo a loucura ou abolição total da consciência ou razão.

Neste sentido, defendia:

> "Que a arguida seja mais ou menos imbecil, não basta para que se possa dizer irresponsavel; era preciso que se pudesse dizer e demonstrar que é imbecil e de fraca intelligencia e de apoucado discernimento, até ao ponto de não saber bem o que tinha feito, nem a responsabilidade em que incorria, nem as privações e martyrio a que ficaria sujeita" (Vieira, 1904, folha 29).

Lopes Vieira referiu, no seu parecer, que o médico alienista se convenceu de que Maria da Graça se mostrava dotada de uma mentalidade um tanto inferior, mas que seria necessário verificar se, não obstante tal facto, ela teria realmente o discernimento necessário para saber o que fazia, pois cuidara de ter o parto clandestinamente, sem assistência de pessoa alguma, mas tratando logo de esconder o corpo, procurando ainda desculpar-se, dizendo que perdera os sentidos após ter dado à luz e que, quando tinha voltado a si, já a criança havia morrido, facto que, no parecer do lente de medicina legal "em regra é falso e não pode ser admitido, sem prova bastante, que neste caso falta"[115].

Para Lopes Vieira, verificava-se que não havia indício algum de inconsciência nem de imbecilidade, nem sequer desprendimento das consequências que deles lhe poderiam advir, mas sim o do conhecimento do mal que tinha feito e a manifestação de medo de vir a sofrer castigo.

A 22 de julho de 1904, depois de ter saído o resultado da autópsia da criança, que mostrava não ter havido morte violenta, Lopes Vieira redigiu

---

[114] "Havendo conformidade de votos, será o relatorio assignado por todos os membros votantes, sem declarações. Havendo divergencia, será assignado parecer especial, largamente fundamentado, sobre os pontos d'essa divergencia, por cada um dos membros que discordar do relator". Vd. *Collecção Official de Legislação Portugueza – Anno de 1899* (1900). Lisboa: Imprensa Nacional, p. 714.

[115] *Registo de Exames Mentaes e Respectivos Pareceres do Conselho Medico-legal* (1900-1911). Delegação do Centro do Instituto Nacional de Medicina Legal, Livro 11, exame nº 9, folha 30.

novo parecer, firmando a sua posição e mantendo a opinião de que Maria da Graça J. deveria ser responsabilizada pelo crime, argumentando que de todo o interrogatório, quer feito pela autoridade administrativa de Penela, quer pelo juiz de Direito da mesma comarca, se verificava que a arguida havia produzido diferentes alegações sobre a causa de morte da criança, ora dizendo que ela caíra sobre um seixo da lareira ao nascer, ora que nascera fraca e lhe expirara nos braços, ora ainda que morrera por si, quando ela, Maria da Graça, perdera os sentidos após o parto e não pôde cuidar dela.

Adriano Lopes Vieira evidencia no seu parecer que a mulher examinada pelo Conselho Médico-legal de Coimbra mostrava a sua pouca inteligência e o falso enredo em que se colocou. Apesar disso, salienta que a arguida soube matar a criança e inventar artifícios diversos de morte natural, fazendo-se inclusivamente de vítima resignada, dizendo que estava bem na cadeia e não lhe custaria, senão por causa da filha que tinha do homem com quem casara, ser castigada com degredo. Nesta perspetiva, o Professor de Medicina Legal rematou que tudo o que observou e ouviu desta mulher o tinha convencido de que ela soube bem o que fazia e que tinha procurado ocultar o facto, pelo que não a considerava alienada por imbecilidade, nem congénita, nem adquirida, considerando, portanto, que se lhe devia impor a responsabilidade criminal pelo ato que tinha praticado.

No dia 27 de julho do mesmo ano, o médico alienista do Conselho Médico-legal da circunscrição de Coimbra, apoiado pelo médico antropologista, elaborou, por seu turno, um parecer, em resposta ao do de Lopes Vieira, fundamentando a razão pela qual considerava que Maria da Graça não deveria ser responsabilizada pelo ato cometido, alegando que, em face do resultado da autópsia da criança recém-nascida, se confirmava, de forma decisiva, o parecer anteriormente aprovado pelo Conselho, demonstrando a existência de imbecilidade.

No referido parecer, Francisco da Silva Basto manteve assim as conclusões do primeiro relatório, onde justificou a imbecilidade da arguida, explicando que todos os factos haviam contribuído para provar que ela não teria noção suficiente do ato praticado. O médico enfatiza então as contradições absurdas em que Maria da Graça caíra, as quais, na sua perspetiva, constituíam um indício incontroverso da sua imbecilidade e irresponsabilidade. Para além disso, explica, os meios de que a examinada se serviu para encobrir o crime revelavam uma inferioridade intelectual muito pronunciada e que não resistiriam à sagacidade de uma criança. Acrescenta ainda que a arguida era indiferente à ideia de castigo, o que mostrava que o seu espírito não tinha capacidade para compreender uma noção tão simples, acessível até aos próprios animais.

Por fim, o alienista sublinha que contestar a existência de tal patologia e admitir a responsabilidade da arguida seria ser-se escravo de excessivos e injustificados escrúpulos de defesa social, sendo que na apreciação do estado mental de uma acusada e do seu grau de responsabilidade, o perito não deveria deixar-se influenciar pela necessidade de defesa social, porque este sistema forçava-o a formular um parecer escravo à justiça e à sociedade, pelo que se o perito se guiasse por estes preceitos, acabaria por levar o tribunal a condenar uma irresponsável, o que não teria nenhuma utilidade, na medida em que tal castigo, neste caso o degredo, não teria efeito de correção sobre a arguida.

Tal reflexão é bastante interessante, pois foge à regra do que se pode ler na grande maioria dos relatórios de exames mentais da época em Portugal, nos quais transparece que os médicos se pautavam precisamente pelo princípio da defesa social.

Este caso é assim um exemplo das controvérsias que compõem a História da Psiquiatria Forense, uma vez que a interpretação dos próprios médicos peritos poderia ser completamente diferente e dar aso a grandes divergências, como se verificou, o que revela o elevado grau de complexidade do tema, na medida em que se aborda a possível contribuição dos transtornos psiquiátricos para manifestação de um comportamento violento, procurando-se igualmente uma identificação precoce de tais transtornos mentais e alertando-se, ao mesmo tempo, para outros possíveis fatores de risco.

5. Pedro A. (1908)

Pedro A. nasceu no Fundão em 1881 e a 3 de agosto de 1908, quando tinha 27 anos, assassinou o seu tio materno, José A. C. L. V., Conde de Tondela, em casa do próprio, na Aldeia Nova do Cabo, concelho do Fundão.

Pedro A. tinha-se formado em Direito na Universidade de Coimbra a 21 de julho de 1908, cerca de duas semanas antes do assassinato, tendo comunicado a boa nova ao seu tio, que se mostrara bastante agradado.

O novo Bacharel chegou a casa do Conde de Tondela na manhã do dia 23 de julho, onde permaneceu até ao dia do crime. No lar do tio, encontravam--se igualmente a sua governanta, Maria A., o hortelão José P., o estofador Augusto César S., o padre Agostinho. S. P., capelão da casa, as duas irmãs do padre, Miquelina. P. e Balbina S., o escudeiro António S. e ainda mais duas empregadas, Maria R. e Rosa D..

Os dias do recém-graduado académico desenrolaram-se numa aparente tranquilidade, com várias atividades de lazer, tendo, inclusivamente, acompanhado o tio e a irmã, sua tia materna, Maria Emília A. C. L., nos serões em casa desta. A noite de 2 de agosto de 1908 não foi exceção, pelo que a reunião familiar se desenrolou como habitualmente, tendo os dois, tio e sobrinho, regressado juntos a casa. Porém, nessa mesma noite, o Conde de Tondela manifestou uma má disposição física, tendo até rejeitado a ceia. Quando o sobrinho se sentou à mesa da sala de jantar, questionou Miquelina, uma das irmãs do padre, que o servia, sobre como e onde se encontrava o tio, obtendo da parte dela a informação de que aquele se tinha ido deitar. Procuraram então inteirar-se do estado de saúde do Conde, mas ao chegar à porta do quarto, o jovem apercebeu-se que o tio afinal se encontrava envolvido sexualmente com a outra irmã do padre, Balbina, de 24 anos.

Pedro A. ficou surpreendido com o que viu, mas nada comentou com Miquelina, optando antes por ir junto do capelão, pedindo-lhe para que no dia seguinte, bem cedo, pudesse ter uma conversa com ele. Conforme o combinado, na manhã seguinte, o Bacharel contou-lhe que o tio tinha desonrado a irmã dele, tendo obviamente provocado um melindre intenso no padre.

Nesse mesmo dia, data do crime, o Conde foi ter com o sobrinho ao quarto deste e tendo Pedro abordado o assunto ocorrido, o tio reagiu iradamente neste tom:

"Não admitto imposições; ponha-se para fora da minha casa"[116].

Perante esta reação, Pedro A. pegou na espingarda e vociferou:

"É preciso casar, ou eu mato-o"[117].

Mas o Conde virou-lhe as costas, sem dar importância ao comentário proferido, saindo do quarto para o vestíbulo, onde, então, Pedro A. disparou sobre este, ferindo-o levemente, decorrente do ricochete que a carga das balas fizera na parede. Perante esta investida, a vítima tentou fugir. Porém, o atirador empunhou um revólver e saiu obstinadamente em perseguição do primeiro, disparando uma vez mais sobre o Conde e, segundo consta no relatório do processo, "acertando-lhe com uma bala na região cervical esquerda, a qual entrou na cavidade craneana e fez lacerações mortaes"[118].

O conde de Tondela foi então encontrado morto com as mãos enclavinhadas, o que levou os peritos a concluir que terá perecido em atitude de súplica, diante do seu assassino, o qual, após ter matado o tio, tentou suicidar-se, disparando um tiro na cabeça.

Pedro A. foi transportado em estado crítico para o Hospital de S. José, onde permaneceu internado até 30 de maio de 1909, acabando por sobreviver, tendo então sido submetido a exame mental pelos peritos nomeados pelo juiz da comarca do Fundão, entre 3 de junho e 7 de dezembro do referido ano. Ao ser questionado sobre o homicídio, lembrava-se de disparar com a espingarda, depois com o revólver, mas não se recordava quantas vezes teria disparado.

---

[116] Vd. 6ª Consulta. Recurso por parte do patrono do reu bacharel Pedro A., requisitado em ofício de 13 de dezembro de 1909 pelo juiz de direito da comarca do Fundão. In *Pareceres e Consultas de Advogados* (1901-1912). Delegação do Centro do Instituto Nacional de Medicina Legal, Livro 10, folha 41.

[117] Ibidem.

[118] Ibidem, folha 38.

Tinha memória de voltar o revólver para si próprio, mas já não sabia indicar em que sítio da casa teria o Conde caído mortalmente.

À medida que o tempo foi passando, as recordações do homicida iam-se esbatendo cada vez mais. Em janeiro de 1909, ainda no Hospital de S. José, chegou mesmo a ser interrogado por Miguel Bombarda e já nem se lembrava sequer de ter disparado, recordando-se apenas de ter pegado na espingarda.

Um dia, o réu recebeu a visita de um dos seus irmãos no hospital e contou--lhe que no dia anterior tinha também sido visitado pelo falecido tio. O irmão do assassino disse-lhe que tal era impossível, na medida em que o tio de ambos estava morto e fora assassinado pelo punho de Pedro. Os peritos comarcãos contam no relatório do exame mental que, perante este confronto, num primei-ro momento, o homem ficou incrédulo, ainda que logo oscilasse na transição emotiva, pelo que pode ler-se:

> "Não quiz acreditar! Mas depois, pelo que se tem passado e pelos sitios por onde tem andado, reconheceu que é verdade. E tem alguma pena, diz. (...) Porém, logo a seguir, sem transição de sentimentos, passa a outro assumpto, (...) desprendido do gravissimo problema em que está envolvido"[119].

A reflexão dos peritos nomeados para observar Pedro A. começou exata-mente por este episódio da visita do irmão do réu, em que constataram não haver indícios de remorsos, relatando que a ausência de arrependimento era perfeitamente compreensível aqui, devido ao quadro de amnésia apresentada pelo examinado, que havia sofrido um traumatismo bastante violento ao tentar suicidar-se, tendo, por isso, sido transportado para o Hospital de S. José. Note--se que, para além de estar convencido que o falecido tio o tinha visitado, já tinha antes, também no hospital, sofrido uma alucinação de ter sido visitado por oficiais de uma esquadra inglesa ancorada no Tejo.

Perante este cenário, pode ler-se no relatório dos médicos da comarca as seguintes interrogações:

> "Seria tudo isto effeito daquelle abalo traumatico? Haverá no passado deste accusado alguns signaes de desordem psychica com que viessem conjugar-se os effeitos do traumatismo? A pergunta é inteiramente judiciosa. Quem é, então, este rapaz?"[120]

Através dos documentos analisados referentes a este caso, é possível apurar que Pedro A. tinha sido uma criança difícil e indisciplinada, manifestando ataques de fúria, acompanhados, por vezes, de crises de sonambulismo e alguns episódios de origem epilética. A certa altura da sua adolescência, frequentara,

---

[119] Ibidem, folha 42

[120] Ibidem.

em regime de internato, o Colégio de S. Fiel, de onde acabou por ser expulso, entrando depois no Colégio Militar, onde permaneceu dois anos, durante os quais, na narrativa dos peritos, "o seu feitio começa[va] a accentuar-se ainda mais nitidamente, como indisciplinado, irreverente e vaidoso"[121].

Após sair do Colégio Militar, Pedro esteve ainda um tempo em Évora a estudar. Porém, um novo episódio tumultuoso marcou a sua vida, após uma agressão ao filho de um professor, na sequência de um ataque de fúria, tendo voltado, então, para casa, acompanhado de um atestado médico, onde era explícito que sofria de uma doença mental. Ainda assim, acabou por se matricular em Coimbra, onde demorou oito anos a concluir o bacharelato em Direito. Nesta fase, evidenciam os médicos no relatório psiquiátrico:

> "Os incidentes ruidosos da sua vida são numerosos e o seu caracter, com o progresso da edade, mostrou-se constituido, alterando frequentemente o estado de seu espirito, ora alagado em crises de prazer radioso, ora mergulhado em crises de tristeza angustiosa"[122].

Os clínicos que observaram o arguido descreveram-no como fantasioso, planeando, por vezes, acontecimentos futuros recheados de incoerências e intermitências, como, por exemplo, casar-se com alguém de posses, seguir a magistratura, quiçá entrar na política, ser deputado, ou então seguir a carreira diplomática. Outras vezes, apenas ponderava dedicar-se à agricultura. Contudo, havia alturas em que um certo negativismo se apoderava da sua pessoa, questionando o que fazer se tudo falhasse e lhe corresse mal, apresentando como solução o suicídio, gravitando sempre em torno do ato de matar ou matar-se, como meio de resolver certas questões, ou escapar de determinadas situações, pelo que, no relatório dos peritos comarcãos (folha 47) pode ler-se esta apreciação:

> "A pobreza inhibitoria deste cerebro chega por vezes a ser extraordinaria".

Todavia, os peritos que examinaram Pedro tinham opiniões diferentes quanto à sua responsabilidade criminal, pelo que o juiz da comarca do Fundão acabou por ter de nomear um terceiro perito para examinar o acusado, tendo este o papel de desempate, procedimento esse que tinha por base o enunciado no artigo 10º[123] da Lei de 3 de abril de 1896.

---

[121] Vd. 6ª Consulta. Recurso por parte do patrono do reu bacharel Pedro A., requisitado em ofício de 13 de dezembro de 1909 pelo juiz de direito da comarca do Fundão. In *Pareceres e Consultas de Advogados* (1901-1912). Delegação do Centro do Instituto Nacional de Medicina Legal, Livro 10, folha 43.

[122] Ibidem, folha 45-46.

[123] "No auto de exame deverão intervir dois peritos de entre o pessoal clinico do estabele-cimento, mas, se houver um só, ou se as declarações dos dois não forem conformes, o juiz que

Assim, dois dos peritos, Fernando de Almeida e o perito nomeado para desempatar, em caso de desacordo, adotaram uma posição eclética, que não correspondia nem a um quadro de alienação completa do arguido, nem a um cenário de total responsabilidade pelo ato cometido. Na opinião destes, o acusado era um semialienado, tanto no momento do crime, como posteriormente. Já no entender do outro perito, Pedro de Campos, o arguido sofria de uma psicopatia congénita, permanente e incurável, sendo ainda da opinião que tal enfermidade mental se combinava com uma psicose degenerativa e com um quadro de epilepsia, declarando o diagnóstico de «debilidade mental pré-existente e congénita»[124], psicopatia insuscetível de intervalos lúcidos.

Uma vez então que havia duas opiniões por parte dos peritos comarcãos, mas que uma delas prevalecia por maioria, estes consideraram, perante o juiz, que o réu não era «um louco», nem o era na altura em que assassinou o tio, mas, com o propósito de uma análise rigorosa, não poderiam deixar de apontar a existência de uma "tara degenerativa do arguido"[125].

Perante estas considerações dos peritos, o advogado do réu, Francisco Joaquim Fernando, fundamentou um recurso para o Conselho Médico-legal da circunscrição de Coimbra, de acordo com os artigos 61º[126] e 64º[127] do decreto de 16 de novembro de 1899, que regulava os Serviços Médico-legais, apoiando-se no disposto nos artigos 70º[128] e 71º[129] do mesmo diploma.

---

tiver de presidir ao acto ordenará que se escolha e notifique outro perito de entre os medicos que se distingam pelos seus conhecimentos de molestias mentaes". In *Collecção Official de Legislação Portugueza – Anno de 1896* (1897). Lisboa: Imprensa Nacional, p. 139-140.

[124] Vd. 6ª Consulta. Recurso por parte do patrono do reu bacharel Pedro A., requisitado em ofício de 13 de dezembro de 1909 pelo juiz de direito da comarca do Fundão. In *Pareceres e Consultas de Advogados* (1901-1912). Delegação do Centro do Instituto Nacional de Medicina Legal, Livro 10, folha 15.

[125] Ibidem, folha 16.

[126] "Dos exames, que não forem feitos pelos feitos pelos conselhos medico-legaes, cabe recurso para o conselho medico-legal da respetiva circumpscripção". Artigo 61º da Secção IV ("Recursos e Consultas") do Decreto de 16 de novembro de 1899. In *Colecção Official de Legislação Portugueza – Anno de 1899* (1900). Lisboa: Imprensa Nacional, p.715.

[127] "A interposição do recurso será feita em requerimento fundamentado". Artigo 64º da Secção IV ("Recursos e Consultas") do Decreto de 16 de novembro de 1899. In Ibidem.

[128] "Quando os fundamentos do recurso assentarem na falta de legitimidade das conclusões dos peritos, o conselho lavrará parecer, confirmando ou invalidando a legitimidade d'essas conclusões, em face dos factos apontados no relatorio". Artigo 70º da Secção IV ("Recursos e Consultas") do Decreto de 16 de novembro de 1899. In Ibidem.

[129] "Se os fundamentos do recurso assentarem nas deficiencias ou irregularidades da observação directa, no exame pericial, o conselho, verificada a procedencia do recurso, deverá decidir-se pela repetição do exame, sendo possivel, ou pelo simples preenchimento das lacunas, sem que, por esse novo serviço, tenham direito a remuneração alguma". Artigo 71º da Secção IV ("Recursos e Consultas") do Decreto de 16 de novembro de 1899. In Ibidem.

Nessa fundamentação, o advogado de Pedro A. começou por questionar a legitimidade das conclusões dos dois peritos que haviam votado pela semia-lienação do arguido perante a lei penal e que influência exerceriam sobre a responsabilidade do réu. Com efeito, os referidos peritos afirmavam que, na sua visão, o examinado teria um tipo de responsabilidade atenuada, por não ter sido nem completamente responsável nem totalmente irresponsável do ato praticado, declarando ainda, como se viu, que a verdade não ficaria íntegra se se isentassem de apontar a circunstância atenuante da tara degenerativa do examinado. Para sustentar a sua linha de pensamento e argumentação, o advogado de Pedro A. referiu no seu recurso o livro de Adriano Lopes Vieira, *Medicina Judiciaria e Pericial: jurisprudencia medica*, aludindo aos seguintes parágrafos, que, só por si, considerava suficientes para que os dois peritos percebessem não ser lícito enveredarem pela responsabilidade atenuada nem pelo caminho atenuante da tara degenerativa:

> "(...) ha muitos individuos que sem serem loucos propriamente (...), não chegam, todavia, a ser bem equilibrados e de bôa razão e são juizo, vemos que não reconheceu taes gradações o cod. penal portuguez. Para este só há ou loucos irresponsaveis – ou pessoas ajuizadas e conscientes. (...) Assim os peritos é que haverão que reduzir todos os casos observados a uma das duas indicadas especies; tendo para as formas mentaes indeterminadas o reconhecimento e o diagnostico da fraqueza de espirito, que incluimos na classificação (...) das fórmas de alienação mental" (Vieira, 1908, p. 656).
>
> "E mais ou menos louco, não importa para o effeito da responsabilidade criminal, porque a lei não faz semelhante distribuição; e mais ou menos loucura, tendo, é loucura" (Ibidem, p. 732).

Para rematar o seu raciocínio, Francisco Joaquim Fernando redigiu no seu pedido de recurso que o parecer dos médicos não se harmonizava com a lei penal portuguesa da época, sendo necessário considerar, para efeitos legais, o reconhecimento ou não da «loucura» ao indivíduo, pelo que assim se verificava falta de legitimidade na conclusão dos clínicos.

A divergência dos peritos comarcãos, presente no relatório elaborado e datado de 7 de dezembro de 1909, levou a que o delegado do procurador régio do Fundão, Dr. João António Cardoso, formulasse um recurso para o Conselho Médico-legal, à semelhança do advogado de Pedro A., que apresentou o seu requerimento no dia 13 do mesmo mês. Deste modo, foram tomadas as diligências necessárias e no dia 27 de dezembro de 1909, o réu foi conduzido à Cadeia de Coimbra, tento dado entrada, dois dias depois, nos Hospitais da Universidade, sob prisão, por doença, mais especificamente uma conjuntivite no olho direito. A 27 de janeiro de 1910 foi iniciada a sua observação pelo Conselho Médico-legal, passando então Pedro a ser examinado em meio hospitalar, com vista à resolução dos recursos interpostos.

Por forma a desempenhar o melhor possível a sua missão, o Conselho Médico-legal recorreu ao estudo do exame feito pelos peritos comarcãos, bem como aos oito volumes do processo do arguido, analisando numerosos dados e ainda a interpretação clínica por eles concebida. Nesta perspetiva, pode ler-se no relatório que os médicos do Conselho eram da opinião de que, quer pelo seu passado pessoal, como também pelo ancestral[130], quer ainda pelo estudo do seu estado psicológico à época do exame mental, Pedro A. sofreria de «debilidade mental em fundo epileptoide»[131].

No relatório, o Conselho Médico-legal chama a atenção para o espírito contraditório do examinado, o qual se poderia observar nas próprias circunstâncias do crime, ao querer reparar uma situação com o assassinato do tio, aquando do primeiro diálogo sobre o assunto. Por outro lado, os médicos mantiveram o fundamento de se ter em conta que o Pedro submetido a exame não era a mesma pessoa que havia cometido o crime, uma vez que este tinha tentado suicidar-se após o delito com um tiro na cabeça, cuja bala permanecia no seu cérebro, e que se ele já sofreria de alienação à altura do delito, após o mesmo, a sua condição piorara substancialmente, ao ter a sua irrigação cerebral alterada, o que lhe desencadeava ataques epiléticos e episódios alucinatórios.

Em 21 de abril de 1910, o Conselho Médico-legal, composto por António de Pádua (médico alienista), José de Matos Sobral Cid (lente de Medicina Legal e diretor da Morgue de Coimbra) e Aníbal Ferreira da Costa Maia (médico antropologista), aprovou então, por unanimidade, para a discussão dos assuntos interpostos e como síntese do seu parecer, as seguintes conclusões:

> "O arguido é um doente que sofre de debilidade mental, e com a maxima probabilidade tambem de epilepsia; por este motivo o arguido não é responsável pelo crime que praticou; e, como é um doente permanentemente perigoso para si e para os outros, deve ser internado num hospital de alienados"[132].

6. Francisco M. M. - simulação (1908)

Francisco M. M. era natural de Soure, embora residisse na Figueira da Foz, onde possuía um negócio de bicicletas e objetos acessórios. Foi submetido a exame

---

[130] O pai de Pedro A. era epilético e a mãe tinha antecedentes familiares com manifestações psicopáticas, sendo que o tio-avô materno do réu, sofria de delírio persecutório. Vd. 6ª Consulta. Recurso por parte do patrono do reu bacharel Pedro A., requisitado em ofício de 13 de dezembro de 1909 pelo juiz de direito da comarca do Fundão. In *Pareceres e Consultas de Advogados* (1901-1912). Delegação do Centro do Instituto Nacional de Medicina Legal, Livro 10.

[131] C.f. "Relatório e parecer sobre o estado mental de Pedro A.". In *Pareceres e Consultas de Advogados* (1901-1912). Delegação do Centro do Instituto Nacional de Medicina Legal, *Livro 10*, folha 55.

[132] Ibidem, folha 56.

psiquiátrico pelo Conselho Médico-legal, na sequência da requisição do júri de direito da comarca de Montemor-o-Velho, por intermédio do Juízo de Coimbra. Para tal, foi examinado na Morgue da cidade dos estudantes, em 3 de abril de 1909.

A razão da sua acusação era um triplo homicídio por si praticado, na noite de 5 para 6 de setembro de 1908, à meia-noite e meia, tendo invadido a casa de umas mulheres de alcunha *as Calafates*, moradoras na vila de Montemor-o-Velho, assassinando aí um homem (de apelido Campos) e duas mulheres, respetivamente, a mãe, Joaquina M. e a filha, Ana M.. Esta última tinha sido amante do acusado e estava grávida do seu companheiro atual, que foi surpreendido pelo réu a passar a noite com a rapariga.

Numa ação intempestiva, Francisco perpetrou o referido crime.

Já preso, o réu foi interrogado em Montemor-o-Velho, em 7 de setembro, pela autoridade judicial, a quem confessara tudo, ao ponto de descrever o crime com toda a minúcia.

Assim, na tarde de 5 de setembro de 1908, alguns indivíduos pediram-lhe boleia, no seu automóvel, até um lugar perto de Montemor, denominado Gatões, onde ele os conduziu, tendo, no entanto, parado no caminho, alegando um desarranjo no carburador da viatura. Já em Gatões cearam e, no regresso, cerca da meia-noite, próximo de Montemor-o-Velho, a cerca de 1 Km de distância da casa onde estaria a ex-amante, fez uma nova pausa, alegando o mesmo motivo, ou seja, nova avaria no carburador.

Deixou os companheiros na viatura para procurar em Montemor uma forma de arranjar o carro, não obstante a oferta dos colegas de viagem para o ajudar, o que recusou.

Dirigiu-se então à casa das *Calafates*, batendo à porta e tendo sido reconhecido pela voz por parte da ex-amante, que se demorou a franquear-lhe a entrada, demonstrando sinais de susto e embaraço. Francisco M.M. forçou então a entrada, conseguindo abrir a porta e encontrando lá dentro o dito rival, o Campos.

Durante o interrogatório alegou a suspeita de que o novo companheiro da ex-amante estivesse armado com faca ou navalha, por tê-lo visto tirar qualquer coisa por debaixo de um monte de roupa, pelo que lhe desfechou dois tiros de uma pistola automática Browning's.

No seio desta cena violenta, a rapariga protegeu-se num quarto onde estava a mãe com duas irmãs mais novas. Porém, o acusado foi-lhe no encalce e disparou também sobre ela, bem como sobre a sua mãe, justificando o ato por entender ser ela a culpada de tudo, como causadora da perdição da filha, e, portanto, da dela própria.

O ambiente era de verdadeiro terror, até pelas duas crianças, que presenciaram tudo e se puseram em altos gritos, suplicando-lhe pelas suas vidas, ao que o criminoso acedeu, por considerar que de nada tinham culpa.

Em poucos minutos estava consumada esta tremenda tragédia, tendo o criminoso saído da casa das *Calafates* em direção ao seu automóvel, através de vários becos e ruas, de que não sabia o nome, num dos quais lhe foi atirada uma pedra por um rapaz, filho de uma sua conhecida, como contou. Tal facto fê-lo reconhecer que correria perigosos riscos na sua demanda pelo veículo, ouvindo muita gente em gritos, pelo que cortou então por caminhos que conhecia mal até alcançar a estrada da Figueira da Foz, para onde se dirigiu a pé e onde chegou às 6 e meia da manhã.

Entrando em casa, resolveu sair de lá rapidamente com o *copeiro* e com a *criada* em direção a Vinha da Rainha, povoação do concelho de Soure.

Depois de chegarem ao destino, estavam os três juntos numa casa a almoçar, quando veio o regedor daquela localidade e efetuou a prisão de todos, tendo sido conduzidos a Soure e depois a Montemor-o-Velho, onde o acusado estabeleceu com precisão o mecanismo do crime, acentuando que nenhum dos seus companheiros de viagem tivera nada a ver com os homicídios.

Passado 5 dias, Francisco M. M. voltou a ser interrogado, relatando os factos da mesma forma, tendo então o criminoso dado entrada na Cadeia de Coimbra, onde permaneceu, não sem ter feito uma tentativa de evasão, tendo-se aproximado, para isso, de outros presos e adiantado os trabalhos preparatórios para a fuga, pelo que foram encontrados alguns utensílios escondidos na prisão. Para além disso, também tentou enforcar-se duas vezes com um lençol, envenenar-se com fósforos, e a quarta vez que tentou o suicídio procurou estrangular-se com as mãos. No caso do recurso ao envenenamento com fósforos, este não ficou bem averiguado e acabou por criar já uma razoável suspeita de simulação.

De salientar que o acusado aceitou bem, nesta como em outras ocasiões em que teve assistência médica, os socorros clínicos, não deixando ficar no espírito dos médicos que o socorreram, nenhuma suspeita de alienação mental.

Ao mesmo tempo, o acusado manifestou alguns ataques exaltados, com atos movimentados, entrando facilmente em irritação e fúria, às vezes, sem motivo. Caía no chão, estrebuchando, tendo-se mesmo ferido uma vez nos cotovelos, por ter batido com eles no soalho, e outra vez magoou-se nas costelas. Nestas ocasiões disse que não sabia o que fazia e pediu até que se acautelassem dele, porque se conhecia e sabia que era perigoso.

Francisco tinha um filho de dois anos, de uma outra amante, que o visitava todos os dias na cadeia e a quem geralmente acarinhava, mostrando-se, contudo, por vezes, indiferente à criança.

Avisado para se apresentar ao Conselho Médico-legal na Morgue de Coimbra, no dia 3 de abril de 1909, pediu para ser transportado de carro, que pagou, a fim de evitar a exposição pública.

Do relatório do Conselho Médico-legal, constituído por Lopes Vieira, António de Pádua e Aníbal Maia, pode ler-se que o aspeto do acusado era de alguém que estava fisicamente fraco e que, além de um ligeiro estrabismo, nenhuma outra anomalia se lhe encontrava por simples inspeção. Tratava-se de um homem de 30 anos, de estatura regular e até bastante esbelto.

Interrogado sobre os motivos do exame, declarou ignorar completamente o crime, não sabendo o que se tinha passado depois de certa hora naquela noite fatídica por diante e que, quando deu por si, estava na Figueira da Foz, em frente à fábrica de gás, às seis e meia da manhã. Afirmou não saber como lá tinha ido ter e que só tinha recordações a partir daquela hora. A princípio nem sabia precisar quando foi o crime, mas depois disse que fora há menos de um ano.

Júlio de Matos (1884, p. 374-375) explica na sua obra *Manual das Doenças Mentaes* que, tal como o alienado, o simulador pode alegar esquecimento do crime, mas "não procederá assim senão depois de ter procurado conscientemente esconder o delicto".

O relatório de exame mental efetuado pelo Conselho Médico-legal de Coimbra[133] revela que, na verdade, o acusado demonstrou raciocinar com clareza tendo-se visto embaraçado com as razões que iam sendo apresentadas, como, por exemplo, o facto de afirmar que não se lembrava do crime, mas tê-lo descrito às autoridades de Montemor com tanta facilidade. Para além disso, questionavam os peritos, admitindo que tivesse tido uma crise de loucura naquela noite, como foi ter a casa da rapariga? Depois de se convencer de que não tinha receio de responder pacificamente, confessou que era com a intenção de a levar no automóvel a assistir à festa de Nossa Srª· da Encarnação.

Durante o interrogatório, quando um dos membros do Conselho Médico-legal lhe mostrou o erro por ele cometido em se ter dirigido à Figueira da Foz para fugir, que era afinal o seu intuito, pois o que lhe convinha era afastar-se de lugares onde era conhecido, advertiu:

"Mas eu queria era ir para casa"[134].

Após esta justificação do examinado, pode ler-se a seguinte reflexão dos médicos do Conselho:

"Por duas vezes caiu nesta resposta. Como é que então, com o tino perdido acertou com o caminho para casa[135]?"

Deduziram os peritos que essa ida a casa era reveladora da sua necessidade de arranjar os meios necessários para a fuga, o que se relaciona com o que Júlio de Matos (1884, p. 374-375) referia a este respeito, ou seja:

"Ao passo que o criminoso comum procura por todos os meios escapar à acção da justiça, ora fugindo, ora negando o acto arguido, o alienado ou ignora

---

[133] *Registo de Exames Mentaes e Respectivos Pareceres do Conselho Medico-legal* (1900-1911). Delegação do Centro do Instituto Nacional de Medicina Legal, Livro 11, exame nº 18, folha 78.

[134] Ibidem.

[135] Ibidem.

sinceramente o crime de que o accusam e que praticou num momento de cega e inconsciente impulsão, como aos epilepticos acontece, ou, se o premeditou, como fazem os perseguidos, ele próprio o anuncia, detalhando com prazer as circunstancias que o acompanham".

Questionado sobre as minúcias do crime, um dos médicos demonstrou ao réu que ele tentara primeiro justificar-se, alegando a legítima defesa, o que, aliás, segundo os peritos, era bem admissível. Tinha ou não o Campos alguma faca? O réu não sabia se tinha, mas achava que devia ter, porque, segundo ele, a rapariga em tempos o prevenira de que ele a possuía; por isso, contou, quando o viu dirigir-se para ele e estender a mão, desfechou logo, lembrando--se daquela provocação.

A partir daí, de resposta em resposta, contam os peritos no relatório, Francisco M. M. foi descrevendo todo o crime tal como ocorreu, não esquecendo o pormenor da gravidez da ex-amante, que revelou, no decurso de uma resposta, sem sequer ter sido questionado quanto a isso.

Por fim, os membros do Conselho Médico-legal confrontaram-no com o estado de desmemoriamento apresentado antes, ao que este se desculpou com o facto de se sentir doente há mais de um ano e desconfiar que a Ana *Calafate* lhe dera alguma coisa a beber. Aludiu a dores de cabeça e uns tremores sentidos que um médico lhe tratara com choques elétricos e com banhos de chuva e de mar e disse que os ataques manifestados na cadeia seriam a continuação desse veneno, ou a sua consequência.

De acordo com o processo, o clínico que o examinado nomeara como seu médico, afirmou não ter ideia deste doente nem de o ter tratado, após uma verificação pericial desta alusão.

Perante tudo isto, os peritos consideraram ser extraordinariamente tardia a amnésia alegada pelo examinado, restrita apenas ao ato criminoso e não compreendendo os atos preliminares nem os consecutivos. Sustentam assim:

> "Não se conhece semelhante amnesia morbida, adstricta a qualquer forma de loucura epileptica ou outra; mas nem mesmo a que o reu forjou ou inventou ele sustenta, porque foi descrevendo diante do Conselho os pormenores que antecederam o morticidio, procurando calar, em certa altura, sómente o facto criminoso, terminando em que não se lembrava mais do que tinha feito, como matara e a quem matara"[136].

Nesta linha de pensamento, os médicos do Conselho aludem à obra de Mairet, *La simulation de la Folie* (1908), onde se lê que se não deve admitir a amnésia limitada ao facto criminoso com lembrança de tudo o mais.

---

[136] Ibidem, folha 79.

Por outro lado, Francisco tinha dito aos peritos que não sabia por que caminho se tinha dirigido à Figueira da Foz, mas o certo é que tinha chegado ao destino, referindo, inclusivamente, que ao atravessar Montemor-o-Velho, durante a fuga, lhe atiraram uma pedra de uma janela, tendo mesmo reconhecido quem lha arremessou. Além disso, constava igualmente no processo o depoimento de testemunhas inquiridas sobre os antecedentes da vida do réu e familiares, que referiram que ele nunca tinha tido episódios de amnésia nem de epilepsia, sendo, pelo contrário, descrito como um homem capaz de gerir o seu negócio e até inteligente.

Assim, face à exposição destes factos, em 22 de maio de 1909, o Conselho Médico-legal concluiu que o examinado não sofria de qualquer doença mental que o irresponsabilizasse do ato praticado, tratando-se de um caso de simulação de loucura, pois não se poderia aceitar como real a amnésia ou perda de memória recentemente alegada pelo réu.

Por todo este conjunto de dados e circunstâncias, os peritos consideraram, assim, lamentável a tentativa de trazer um acusado nestas condições à presença de um Conselho Médico-legal.

7. Júlia C. A. V. (1909)

Júlia C. A. V. nasceu em 1886, no seio de uma família bastante estimada e reconhecida em Coimbra. Casou em 1902 e não tinha filhos, habitando com o marido. No dia 30 de março de 1909, com 23 anos, praticou um crime de ofensas corporais sobre a empregada de um dos seus vizinhos.

Júlia C. A. V. era muito ciumenta relativamente ao seu marido, pelo que suspeitou que a dita mulher andaria envolvida com ele, convencendo-se obsessivamente de tal facto. Assim, no dia do crime, encontrou a mulher na escada comum aos residentes daquela habitação, discutiu com ela e agrediu-a, conforme o relato documentado sobre o caso, usando "uma faca de trinchar que trazia escondida debaixo do avental, ferindo-a na região temporal direita"[137].

A vítima, não sabendo que a ofendida trazia tal arma, ainda tentou fugir, no entanto, sem sucesso. A mãe de Júlia já a tinha prevenido acerca da exaltação em que andava a filha, por se ter convencido obstinadamente de algum tipo de relacionamento entre a tal mulher e o marido, pedindo-lhe, inclusivamente, que evitasse ao máximo qualquer género de confronto, advertindo-a mesmo do perigo possível de agressão por parte da filha.

Acabou então por suceder o presumido incidente, embora o delito praticado não tenha ocorrido com consequências de maior sobre a vítima, já que,

---

[137] *Registo de Exames Mentaes e Respectivos Pareceres do Conselho Medico-legal* (1900-1911). Delegação do Centro do Instituto Nacional de Medicina Legal, Livro 11, exame nº 19, folha 83.

como é descrito, ela "trazia um lenço forte de lã em volta do pescoço, (...) que a resguardara de qualquer golpe ali"[138].

Pouco depois do crime, um dos médicos do Conselho Médico-legal foi visitar Júlia, que, perante ele, não se mostrou arrependida face à agressão, mas antes satisfeita e até orgulhosa. Todavia, quando os alienistas a examinaram, ela apenas se recordava do sucedido de uma forma incompleta e confusa.

Através da leitura do relatório do exame sobre o estado mental de Júlia C. A. V., verifica-se que esta sofria desde os três anos de "ataques convulsivos, acompanhados de perda de conhecimento e seguidos de perda de memoria"[139], manifestações patológicas que se repercutiam igualmente em outros membros da sua família, como era o caso dos seus tios paternos.

Os membros do Conselho Médico-legal, após peritagem clínica, descreveram que os ataques sofridos pela examinada eram bastante repetidos, ajustando-se ao quadro dos ataques epiléticos, sendo, por vezes, violentos, duradouros e acompanhados por convulsões crónicas, pelo que Júlia só se consciencializava do que tinha ocorrido após lhe contarem.

Algumas vezes, durante os episódios epiléticos, tirava os anéis, que queria morder e procurava rasgar-se, aflita. Outras, sofria alucinações, supondo estar a despir-se para se deitar, a costurar, a tomar alguma refeição, ou, então, abraçava uma pessoa qualquer, supondo ser uma outra que julgava ver. Alguns dos ataques terminavam com um sono profundo e todos os outros com uma sonolência acentuada, transparecendo uma sensação de grande cansaço, pelo que tais episódios acabavam por ser muito perturbadores. Contudo, segundo os peritos, a falta deles ainda se revelava pior, pois ela manifestava maior ansiedade e impaciência.

De acordo com os médicos do Conselho, a forma como os ataques terminavam, agravada com todos os outros sintomas referidos, levava-os a considerar que a examinada sofreria de epilepsia, embora alguns dos dados apontassem igualmente para um quadro de histeria, facto que não surpreendia os peritos, visto serem dois tipos patológicos que frequentemente se emparelhavam.

Como é descrito por parte dos membros do Conselho Médico-legal, a examinada apresentava um comportamento bastante irregular, sendo que nos períodos de maior irritabilidade reagia agressivamente perante tudo ou todos que a contrariassem, inclusivamente pessoas da sua família, como os seguintes exemplos retirados do relatório do seu exame mental bem ilustram:

> "Suppondo-se contrariada pelo pae, tem tido para este, por vezes, impulsos aggressivos; uma vez, por uma contrariedade, com um dos irmãos, arremessou-lhe uma peça d'um castiçal d'um piano, ferindo-o na cabeça; na mãe deu uma vez uma bofetada, ameaçando-a de morte. (...) Muitas vezes, depois d'estes factos tão fora

---

[138] Ibidem.

[139] Ibidem, folha 81.

de proposito, não mostra arrependimento, sempre que esteja convencida de que procedeu dentro da razão, limitando-se a pedir desculpa ao pae e ao marido, mas só a estes. Se porém a convencem ou se convence de que procedeu por motivos desamarrados (...) mostra-se pesarosa, lamenta-se, pede perdão ás pessoas que offendeu, beija-as até e acarinha-as, mostrando um sincero arrependimento"[140].

A abundante seriação de factos levou a que os médicos considerassem Júlia C. A. V. sofredora de epilepsia, com alguns sinais de histeria, o que, na opinião deles, indiciaria, sem dúvida, a sua irresponsabilidade no ato praticado. Assim, a 4 de abril de 1909, poucos dias após o crime, Júlia foi internada no Hospital Conde de Ferreira, onde permaneceu até 15 de maio do mesmo ano, tendo saído a requerimento do pai.

Contudo, por requisição do Juiz de Direito da Comarca de Coimbra, Júlia C. A. V. foi examinada a 8 de junho de 1909 pelo Conselho Médico-legal[141] na Morgue de Coimbra, para que fosse reavaliado o seu estado mental.

Sobre a hospitalização da doente no Conde de Ferreira, os membros do Conselho concluíram que a mesma tinha sido curta e que, apesar de um internamento mais longo não produzir propriamente uma cura, poderia certamente proporcionar a Júlia uma melhoria mais acentuada, até porque, segundo eles, esta senhora não vivia num meio propício ao apaziguamento da sua doença, já de si tão problemática. Por tal razão, consideravam que o tratamento num meio adequado, como um hospital especializado, seria bastante vantajoso, não só para a doente, mas também para a sua família e para a sociedade, pois as manifestações da patologia de que padecia esta mulher não tinham enfraquecido com o avançar da idade, sendo sempre iminente a possibilidade de atos impulsivos, agressivos e perigosos por parte dela, direcionados quer para os outros, quer para si própria.

Perante este cenário, os peritos manifestaram então, no relatório, a conclusão de que a examinada sofreria de um tipo de patologia mental em que os fenómenos de histero-epilepsia predominavam, facto que a tornava irresponsável pelo ato praticado, sendo ainda da opinião de que se tratava de uma doente perigosa, pelo que o resgate da mesma numa instituição para alienados constituiria uma medida imprescindível, tanto para ela como para a sociedade.

É ainda de referir que os membros do Conselho Médico-legal aludiram a alguns excertos presentes nos volumes II[142] (1903) e III[143] (1907) da obra *Os Alienados nos*

---

[140] Ibidem, folha 82.

[141] O Conselho Médico-legal deste exame foi composto pelos D^rs. Adriano Xavier Lopes Vieira, lente de medicina legal e diretor da Morgue de Coimbra; Aníbal Maia, como médico antropologista; António de Pádua, médico alienista.

[142] "(...) Nos casos de criminalidade impulsiva o perigo social vem do doente, que, por isso, importa sempre sequestrar (...)" (Matos, 1902, p. 158).

[143] "Porque se não sequestraram n'um manicomio estes alienados perigosos? Comprehende-se que a estupida inconsciencia das respectivas familias se não alarmasse e não medisse o perigo

Tribunaes, de Júlio de Matos, para a devida fundamentação do seu parecer, não só porque o célebre alienista portuense era uma autoridade no seio da Psiquiatria Forense portuguesa, mas também porque ele próprio tinha examinado Júlia C. A. V. no período em que esta tinha estado internada no Hospital Conde de Ferreira, uma vez que, nessa altura, o psiquiatra era o diretor desse hospital e membro do Conselho Médico-legal da circunscrição do Porto. Através da leitura do relatório dos peritos de Coimbra fica a saber-se, inclusivamente, que no processo constava um atestado passado por Júlio de Matos e entregue ao Conselho pela examinada, corroborando com o diagnóstico feito em Coimbra.

8. Amélia S. A. (1911/1917)

Na manhã do dia 26 de agosto de 1911, um indivíduo compareceu na segunda esquadra da polícia de Coimbra queixando-se de Amélia S. A., uma senhora de 56 anos, solteira, que habitava no Largo da Fornalhinha e que ofendia constantemente os vizinhos, utilizando uma linguagem ofensiva, com impropérios. Por vezes, Amélia S. A. atirava pedras a quem passava, tendo chegado mesmo a partir vidros de uma casa.

Um dia após a referida queixa, Amélia atingiu o neto de um vizinho com uma pedra arremessada da janela de casa, pelo que o poder judicial interveio no caso, inquirindo testemunhas, cujo depoimento confirmou a veracidade do sucedido, declarando, no entanto, que a senhora em questão padecia de problemas do foro psíquico. Assim, a 20 de outubro de 1911, foi requisitado exame mental da arguida, tendo ela comparecido na Morgue de Coimbra perante o Conselho Médico-legal, composto por António de Pádua, Almeida Ribeiro e Baltazar Brites nos dias 28 de outubro e 9 de novembro do referido ano.

No relatório efetuado pelo Conselho é possível ler-se que a examinada discorria facilmente sobre os assuntos, em contexto de uma conversa banal. Contudo, se lhe era perguntado ou mencionado algo relacionado com as desavenças que tinha com os vizinhos, irritava-se de imediato, queixando-se dos enormes problemas que tinha com eles, justificando as suas investidas com o facto de estes não a deixarem nunca em paz.

Tudo começara quando a examinada tinha pouco mais de vinte anos, em que se convencera que um vizinho fazia comentários pouco abonatórios a seu respeito. Nessa altura Amélia S. A. vivia com a mãe e com as irmãs na Praça

---

(...). Mas comprehende-se mal que as autoridades não tomassem, na defeza, que lhes incumbe, da sociedade, a elementar medida que estes casos [referindo-se a Avelino Manoel e João Cardoso] estavam clamorosamente indicando". (...) § (...) Nem as familias, nem as autoridades se lembraram de promover a sua sequestração: esperaram que elles praticassem uma violencia grave para que o poder judicial os tomasse sob a sua protecção. A invencivel selvageria nacional!..." (Matos, 1907, p. 100 e 117).

do Comércio, em Coimbra, sendo que, algum tempo depois, a irmã mais velha saiu de casa, seguida da mais nova, permanecendo ela na morada materna e assim continuando durante 12 anos. No entanto, a própria mãe de Amélia chegou a um ponto de saturação, vendo-se obrigada a ir para casa da filha mais nova, na medida em que a arguida manifestava uma desconfiança cada vez maior da sua progenitora, explicando aos médicos peritos que a sua mãe andava sempre a cochichar com as empregadas acerca dela.

Estando já a morar sozinha, Amélia S. A. começou a ter problemas com uma vizinha, imaginando de forma persecutória que esta estaria também sempre a produzir rumores sobre ela, o que a fez mudar de habitação para a zona da Portagem, tendo aí ficado dois anos.

Porém, após a mudança de casa, a examinada começou a sofrer de insónias prolongadas, que se foram acentuando, pelo que começou a ouvir coisas de noite, nomeadamente insultos, risadas e comentários a seu respeito, que, no seu entender, eram proferidos por pessoas suas inimigas, não a deixando descansar e arreliando-a sem dó nem piedade. Nada a convencia de que aquilo não era real e, para ela, era uma tortura tal perseguição, à qual sentia já não conseguir resistir. Assim, numa atitude de desespero, Amélia tentou suicidar-se, ingerindo petróleo, tendo, contudo, sido socorrida por familiares e não voltando a verificar-se igual tentativa.

Passado algum tempo, Amélia reincidiu nas controvérsias com a vizinhança, trocando novamente de habitação para o Largo da Fornalhinha, onde logo voltou a recair e julgar-se perseguida, como aliás se percebe pela queixa feita contra ela e que originou o seu exame mental.

Perante os factos expostos, os médicos do Conselho Médico-legal referiram no relatório que, desde tenra idade, a arguida subordinava a sua vida psíquica a uma ideia constante de hostilidade por parte dos outros contra si, padecendo de delírio persecutório. Os peritos consideravam também ser bastante possível que tal estado de saúde se agravasse ainda mais, dado que o seu mal-estar com os vizinhos se traduzira, por vezes em agressões, como aquela que tinha motivado o exame mental de Amélia S. A. De facto, os membros do Conselho transpareciam a sua preocupação, escrevendo o seguinte:

"Esta particularidade dela de se tornar de cada vez mais agressiva é deveras perniciosa. Actualmente ela está mais desconfiada e irritada do que nunca. (...) Estes doentes chegam em tais circunstancias a ser seriamente perigosos, o que aumenta consideravelmente o seu coeficiente de temibilidade. Alguns chegam a perseguir a tiro os seus supostos perseguidores (caso Refoios, caso Bombarda). Por isso a psiquiatria aconselha a sequestração deles como a unica medida eficaz de profilaxia social. Poderia ela impor-se a esta senhora? Parece que não, visto o crime por ela praticado, e que motivou a queixa de que este exame mental é a consequencia, não ter categoria penal para isso. Mas mais uma vez nós estamos em presença dos inconvenientes que o ser o criterio da pena correspondente ao delito praticado, em vez de ser o da temibilidade do agente: adoptado para regular o internamento dos alienados delinquentes (...). E mais uma vez se vê tambem a necessidade de ser modificada a nossa legislação penal a este respeito"[144].

É aqui bastante percetível a apreensão dos peritos, que já neste tempo alertavam para a necessidade de alteração da legislação penal, que regulava ainda o destino dos alienados delinquentes pelo tipo de pena aplicável ao delito, negligenciando o grau de perigosidade do ofensor. A grande maioria dos alienistas desta época, como Júlio de Matos (1916), considerava que, para a defesa da sociedade, era a perigosidade do delinquente que importava conhecer, na medida em que devia encarar-se a pena como uma arma positiva de defesa, necessária para ser usada, em virtude da capacidade ofensiva do indivíduo e não do tipo de crime cometido, ou da sua responsabilidade.

Perante todos os factos, e uma vez que a lei penal portuguesa não previa a sequestração da examinada face ao delito praticado, a 14 de novembro de 1911, o Conselho Médico-legal, composto por António de Pádua, médico alienista e relator, Fernando Duarte Silva de Almeida Ribeiro, professor de Medicina Legal e ainda Geraldino da Silva Baltazar Brites, secretário da morgue, exercendo funções de médico antropologista, formulou estas conclusões:

> "1ª. A arguida Dona Amelia S. A. é uma alienada que sofre duma degenerescencia mental denominada paranoia, na variedade clinica chamada delirio de perseguições; § 2ª. Por este motivo nenhuma responsabilidade lhe póde ser atribuida pelos actos que praticou, digo, de que é acusada"[145].

Em 1917, Amélia S. A. voltou a ser observada pelo Conselho Médico-legal, em virtude de continuar a exercer o mesmo tipo de atos delituosos, mantendo, portanto, obstinação pela mesma ideia hostil relativamente às pessoas que a rodeavam.

O Conselho nomeado para o exame mental, composto por João Marques dos Santos (médico alienista), Almeida Ribeiro (diretor da Morgue de Coimbra). e Alberto Cupertino Pessoa (médico antropologista) ratificou a opinião dos colegas em 1911, enfatizando do seguinte modo a questão do sequestro da mulher em hospital de alienados como meio profilático:

> "Se atendermos á profilaxia social notamos que todos os autores indicam como medida eficaz a sequestração d'esses doentes. Ora os crimes praticados por Amelia S. A. continuam sendo da mais baixa categoria penal e o criterio

---

[144] *Registo de Exames Mentaes e Respectivos Pareceres do Conselho Medico-legal* (1900-1911). Delegação do Centro do Instituto Nacional de Medicina Legal, Livro 11, exame nº 21, folha 101.

[145] Ibidem.

do internamento subordinado á gravidade do delicto praticado, o que não está d'acordo com a temibilidade do agente, como bem o frizou o falecido Prof. A. de Pádua, por mais que uma vez"[146].

9. António C. (1913)

António C. era um indivíduo que, no dia 24 de abril de 1913, foi examinado pelo Conselho Médico-legal da circunscrição de Coimbra, composto por António de Pádua, como médico alienista, Fernando Duarte Silva de Almeida Ribeiro, professor de Medicina Legal e diretor da Morgue e Geraldino da Silva Baltazar Brites, como médico antropologista. Esta equipa médica tinha a missão de se pronunciar sobre as suas faculdades mentais.

No dia 27 de dezembro de 1912, António C. apedrejou um comboio em Souselas, tendo sido preso pelo pessoal da Companhia dos Caminhos de Ferro, a quem confessou o delito, "assegurando, contudo, que nunca mais o repetiria, se lhe dessem um tostão todos os dias"[147]. No entanto, quando levado à presença do juiz, negou ter apedrejado o comboio e o mesmo fez perante o Conselho Médico-legal, mostrando-se arreliado e incomodado face à insistência do interrogatório dos peritos.

No depoimento das testemunhas constava que o arguido padecia de problemas mentais, sendo reconhecido e tratado como tal pelas pessoas da região onde habitava.

Através da análise do exame mental efetuado pelo Conselho a António, fica a saber-se que o arguido era um indivíduo magro, moreno, "pobremente vestido, com aspecto de aldeão rude, maltratado, sem habitos de limpeza nem accio"[148]. Respondia com medo e a custo às interrogações dos médicos.

António C. era analfabeto e revelava-se completamente ignorante, não tendo noção absoluta da data em que se encontrava, nem sequer dos nomes dos meses e dos dias da semana. Não reconhecia igualmente as moedas.

Relativamente a doenças, não sabia responder se tinha padecido de alguma, afirmando apenas que trazia um «espírito» consigo e que este se tinha alojado por baixo do diafragma, quando tinha ido com uma prima sua ao *banho santo*[149] da Figueira da Foz, pois aí tivera de tirar a medalha que tinha ao pescoço (apelidada por ele de armamento), deixando o caminho livre para o «espírito» entrar.

---

[146] *Processos do Instituto de Medicina Legal de Coimbra* (1916). Caixa 18, *Série C*, processo nº 136.

[147] *Processos do Instituto de Medicina Legal de Coimbra* (1913). Caixa 11, *Série B, processo nº 33.*

[148] Ibidem.

[149] Banho que as pessoas das redondezas costumavam tomar na Figueira da Foz na noite e no dia de S. João, ao qual atribuíam propriedades altamente benéficas, dando-lhe por isso aquele nome.

O examinado mencionou ainda o facto da sua mãe ter ido com ele a Vila Nova, dois anos antes, e lá pagar para lhe resolverem esse problema, porém sem sucesso. Os médicos alertam no relatório para este exemplo de falta de noção do tempo por parte de António, na medida em que se contradizia, ao situar o *banho santo* no ano anterior e a seguir afirmar que andaria a tratar do «espírito» desde há dois anos. Da mesma forma declarou em tribunal ter 37 anos e perante o Conselho afirmou ter 21, sendo a sua idade real 42 anos.

A informação revelada sobre o «espírito», permitiu aos peritos colher esclarecimentos importantes sobre o pai de António C., não se mostrando este ser uma influência positiva na vida mental do filho, como referem os médicos, na medida em que também ele comungava da mesma ideia do seu descendente, acerca do suposto «espírito» incorporado. Explicou ao Conselho Médico-legal que o seu filho sempre fora assim, que em criança nunca tinha aprendido a benzer-se e que na escola só tinha aprendido o nome de uma letra, saindo do ensino por não ser capaz de qualquer aprendizagem. Nunca conseguira identificar o dinheiro, limitando-se a ajudar o pai nalgumas tarefas. A certa altura, porém, acrescentou o pai, a família convenceu-se de que o examinado estaria mesmo a ser atormentado pelo tal «espírito», tendo-o levado a uma série de curandeiros e submetendo-o a rituais religiosos.

Uma vez que nenhum tratamento tinha dado resultado, o pai de António desanimou, resolvendo desistir, até porque estava a ter muitas despesas. Segundo contou aos peritos, por vezes, o examinado incomodava muito a família, ao estar inquieto e manifestando alucinações visuais, atribuindo sempre tais agitações ao tormento da tal entidade sobrenatural.

No relatório do Conselho da circunscrição de Coimbra, pode ler-se que o sujeito sofreu duma dessas agitações, ao ver os preparativos do exame antropométrico, tendo este sido iniciado quase à força. Contudo, depois de subjugado, o arguido submeteu-se apaticamente a todas as medidas.

Os médicos declaram no mesmo documento que António C. apresentava um "excesso de envergadura sobre a estatura"[150], pele das mãos "muito rugosa, especialmente na face dorsal dos dedos. Ligeira assimetria facial; sub-microcephalia frontal ligeira. Orelhas em asa"[151].

Baseando-se em todos os dados que analisaram, os membros do Conselho Médico-legal estruturaram o seguinte parecer:

> "Todo este conjunto de simptomas (...) corresponde á simptomatologia duma doença mental (...) chamada Idiotia, visto verificar-se, por informações autenticas, que o rapaz sempre assim foi, e nestas circunstancias não haver logar para quaesquer hesitações, duvidas, ou discusões de diagnostico"[152].

---

[150] Ibidem.

[151] Ibidem.

[152] Ibidem.

De facto, tal diagnóstico enquadrava-se na definição de Júlio de Matos (1911) de «idiotia», a qual explicava como uma patologia acidental adquirida, embora numa fase precoce da vida, em que se verificava a suspensão de desenvolvimento psíquico e que era, nas suas palavras:

> "(…) tributaria, não de uma accumulada herança psychopatica, mas de lesões produzidas por fortuitos e casuaes agentes etiologicos". (Matos, 1911, p. 350)

O médico portuense referia também:

> "Os idiotas não querem; os seus actos são sempre o resultado de *impulsões cegas e inconscientes"*. (Matos, 1884, p. 273)

É de acrescentar que os médicos do Conselho consideraram ser digno de registo a presença de alucinações visuais naquele doente, único sintoma, entre todos os verificados, que nem sempre se manifestava neste tipo de patologia.

Júlio de Matos (1884, p. 273) alertava que alguns destes indivíduos poderiam ser agitados, vivendo num movimento inconsciente e irregular, sendo por vezes "conduzidos a actos *reprehensiveis,* que podem tornal-os perigosos na sociedade", dando como exemplo a grande quantidade de incendiários entre doentes diagnosticados com *idiotia*. Apesar do delito cometido por António C. não ter sido fogo posto, constituía igualmente um crime contra a propriedade, que poderia colocar vidas em risco, tornando-se importante refletir sobre o seu grau de perigosidade. A este propósito os peritos do Conselho ponderaram o seguinte:

> "Que destino dar ao doente? Sabemos do que elle soffre e que delicto commetteu. Vae applicar-se-lhe o artº. 481[153] do Codigo Penal?"[154]

Os médicos que examinaram António mostravam-se preocupados com este caso, pois não havia garantias de defesa social. Com efeito, o examinado vivia numa zona onde circulavam numerosos comboios na sua rota diária, devido ao facto de se tratar de uma região atravessada pela mais importante linha férrea do país na altura, pois por ali passavam diariamente os dois grandes expressos Lisboa-Porto e Paris-Lisboa. Neste sentido, os membros do Conselho

---

[153] "Fora dos casos especificados neste capítulo, todos os danos causados voluntáriamente em propriedade alheia móvel, imóvel ou semovente, serão punidos com prisão até seis meses e multa até um mês. § único. Não concorrendo circunstância agravante a pena será de multa até um mês, a qual será imposta acusando o ofendido, e salva a pena de contravenção, se houver lugar". *Código Penal Português. Nova Publicação Oficial ordenada por Decreto de 16 de setembro de 1886* (Diário do Govêrno de 20 de setembro do mesmo ano), (1919). 7ª Edição. Coimbra: Imprensa da Universidade, p. 138-139.

[154] *Processos do Instituto de Medicina Legal de Coimbra* (1913). Caixa 11, *Série B, processo nº 33.*

Médico-legal de Coimbra afirmavam que, tendo em conta o crime que come-
tera, António poderia igualmente, em qualquer ocasião, colocar sobre os carris
pedregulhos suficientemente volumosos para fazer descarrilar um comboio,
pondo em risco a vida de imensas pessoas. Assim, os peritos terminaram esta
reflexão com a seguinte interrogação:

> "Só depois é que lhe seriam applicaveis os §§ 3º[155] e 4º[156] do nº 4 do art.º
> 472, do Codigo Penal? Sendo assim, a legislação dispoz as coisas de modo, que
> só parece querer prevenir o mal depois delle consumado. Seriam as trancas á
> porta depois da casa roubada"[157].

Quase no final do citado relatório médico-legal, os avaliadores do Conselho
advertiam para a importância de ser aplicada a António C. a 2ª parte do artigo 14º[158] da Lei de 3 de abril de 1896, visto considerarem que a família do
examinado não reunia condições para se poder responsabilizar por ele. Com
efeito, pode ler-se que bastava verificar o comportamento do pai, que atribuía
a *idiotia* do filho a possíveis faltas de palavras no batismo, considerando-a uma
manifestação da simbiose dum «espírito» maligno com o corpo de António,
opondo-lhe como terapêutica benzeduras e bruxarias. Nas palavras dos peritos:

> "Com tal consciencia da doença como ha de esta creatura exercer, ou
> fazer exercer sobre o doente uma vigilancia efficaz, no sentido de fazer deste,
> permanentemente um inoffensivo?"[159]

---

[155] "Aquele que voluntáriamente destruir ou desarranjar, em todo ou em parte, qualquer via
férrea, ou colocar sôbre ela algum objecto que embarace a circulação, ou que tenha por fim fazer
sair o combóio dos carris, será condemnado a prisão maior celular de dois a oito annos, ou, em
alternativa, a degrêdo temporário". Código Penal Português. *Nova Publicação Oficial ordenada
por Decreto de 16 de setembro de 1886* (Diário do Govêrno de 20 de setembro do mesmo ano),
(1919). 7ª Edição. Coimbra: Imprensa da Universidade, p. 136.

[156] "Se de qualquer dos factos indicados no parágrafo antecedente resultar a morte de alguma pessoa, a pena será a de prisão maior celular por oito anos, seguida de degrêdo por vinte
anos com prisão no lugar de degrêdo até dois anos ou sem ela, conforme parecer ao juiz, ou,
em alternativa, a pena fixa de degrêdo por vinte e oito anos com prisão no lugar do degrêdo
por oito a dez anos, agravada (...)". Código Penal Português. *Nova Publicação Oficial ordenada
por Decreto de 16 de setembro de 1886* (Diário do Govêrno de 20 de setembro do mesmo ano),
(1919). 7ª Edição. Coimbra: Imprensa da Universidade, p. 136-137.

[157] *Processos do Instituto de Medicina Legal de Coimbra* (1913). Caixa 11, *Série B, processo nº 33.*

[158] "O alienado que tiver commettido algum acto a que corresponder penalidade inferior
á fixada no artigo antecedente, deverá ser entregue, por ordem do tribunal, á familia para o
guardar. Se, porém, não tiver familia, ou esta não esteja em condições de se encarregar da sua
guarda será posto á disposição da autoridade administrativa para ser admittido n'um hospital de
alienados". *Collecção Official de Legislação Portugueza – Anno de 1896* (1897). Lisboa: Imprensa
Nacional, p. 140.

[159] *Processos do Instituto de Medicina Legal de Coimbra* (1913). Caixa 11, *Série B, processo nº 33.*

Por fim, os médicos concluíram que António C. era irresponsável pelo ato praticado, em virtude do seu estado mental, pelo que deveria ser internado num manicómio como medida profilática. Solicitando ainda uma atenção redobrada da justiça nas suas conclusões e, ressalvando a esse propósito a sua responsabilidade enquanto membros do Conselho Médico-legal da circunscrição de Coimbra, alertavam, tal como no caso anterior (Amélia S. A.), para a necessidade de reforma da legislação penal da época, que deveria basear-se na perigosidade do agente e não no tipo de delito, como critério para aplicação da pena.

10. António Ferreira da Silva (1917)

António Ferreira da Silva era natural de Ansião, onde era também residente, exercendo a profissão de barbeiro. No dia 26 de outubro de 1917 publicou manifestos e impressos injuriosos contra as autoridades judiciais e administrativas desse concelho, tendo sido movido contra ele um processo-crime.

Não era, porém, a primeira vez que António se via envolvido neste tipo de situação com a justiça, tendo cometido vários atos inusitados, pelo que, entre março e abril de 1915, chegou mesmo a ser sujeito a exame mental por dois peritos comarcãos, em virtude do crime de ofensas corporais, ação que o arguido considerava apenas legítima defesa, face a uma tentativa de assassinato à sua pessoa.

Neste exame, os médicos relataram que não parecia existir um caso de doença psíquica de natureza hereditária. Ainda assim, descreveram indícios físicos da sua presença, enquanto patologia instalada, atendendo à forma craniana do indivíduo, implantação dos lóbulos auriculares, forma da abóbada palatina e assimetria facial. Estes enfoques, combinados com alguns fenómenos por eles igualmente observados, como a excelente memória de António F. S., a sua inteligência e cultura superiores à média da sua esfera social, a sua loquacidade e a sua personalidade desconfiada, com ideias persecutórias, levaram os peritos a considerar o diagnóstico de «excitação maníaca de grau inferior»[160], patologia que a qualquer momento poderia agravar-se. Nesta perspetiva, remataram o relatório do exame médico-legal, com a seguinte reflexão:

> "E, com quanto o não iliba da responsabilidade criminal, lh'a devera atenuar ainda assim, pois que estes individuos podem facilmente percorrer toda a escala cujos gráos vão desde uma simples sobre-actividade no funcionamento fisiológico da intelligencia até á excitação (...) delirante mais aguda.."[161]

---

[160] Vd. *Processos do Instituto de Medicina Legal de Coimbra (1917). Caixa 20, Série C, processo n.º 197.*

[161] Ibidem.

António Ferreira da Silva foi então condenado a uma pena de desterro para Setúbal, onde escreveu o panfleto que serviu de base ao já aludido processo--crime, promovido pelo agente do Ministério Público da Comarca de Ansião. Logo desde os primeiros encontros, o advogado do arguido iniciou uma suspeita de que este sofria de alienação mental, conjetura essa que se transformou numa profunda convicção e o levou a falar sobre o caso com a família do barbeiro. Deste modo, e de acordo com o parágrafo único do artigo 1º[162] e com o artigo 2º[163] da Lei de 3 de abril de 1896, a esposa do arguido, requereu a realização de um exame mental ao seu marido.

No dia 8 de outubro de 1917 procedeu-se no Tribunal Judicial de Ansião ao referido exame. Os peritos comarcãos eram os mesmos que, dois anos antes, tinham já realizado uma primeira observação clínica ao homem, pelo que não consideraram haver alterações significativas, manifestando a opinião de que o exame mental deveria ser feito por peritos especializados, em Conselho Médico-legal.

Perante a conclusão dos médicos de comarca, e em conformidade com o artigo 35º[164] do Decreto de 16 de novembro de 1899, o Ministério Público requereu que o arguido fosse examinado pelo Conselho Médico-legal da respetiva circunscrição. Tal requerimento foi deferido pelo juiz da comarca de Ansião, de acordo com os artigos 37º[165] e 107º[166] do Decreto citado, passando para tal fim a respetiva carta precatória.

O Conselho Médico-legal, composto por Fernando Duarte Silva de Almeida Ribeiro (professor de Medicina Legal e diretor da Morgue de Coimbra), João

---

[162] "Quando o juiz não ordene ex officio o mencionado exame, deverá este fazer-se logo que o requeiram o ministerio publico ou algum ascendente, descendente ou conjuge do indigitado criminoso". *Collecção Official de Legislação Portugueza – Anno de 1896* (1897). Lisboa: Imprensa Nacional, p. 139.

[163] "Deverá proceder-se tambem a exame medico-legal, quando fôr praticado algum crime ou delicto que pela sua natureza ou circumstancias especiaies, ou pelas condições do agente, possa justificar a suspeita ou presumpção de que este procedera em estado de alienação mental; e bem assim quando esta seja invocada para explicação do facto e defeza do seu auctor por este, ou por qualquer das pessoas designadas no paragrapho antecedente". Ibidem.

[164] "Os exames cadavericos, os de alienação mental e os de quaesquer casos em que o ministerio publico assim o requeira, presumindo a sua gravidade, serão feitos, nas comarcas de Lisboa, Porto e Coimbra, pelo respectivo Conselho medico-legal". Decreto de 16 de novembro de 1899.". Decreto de 16 de novembro de 1899. *Collecção Official de Legislação Portugueza – Anno de 1899* (1900). Lisboa: Imprensa Nacional, p. 713.

[165] "Quando houver de fazer-se qualquer exame, nos termos do artigo 35º, o juiz do processo participal-o-ha ao director da morgue, a fim d'este convocar o competente conselho para dia e hora certa. Determinada esta, será immediatamente notificada pelo director da morgue, ao juiz do processo, para os effeitos legaes". Decreto de 16 de novembro de 1899. Ibidem.

[166] "Os exames feitos pelos conselhos, nos termos dos artigos 75.º e 105.º, serão requisitados por deprecada do juiz do processo para juiz da comarca onde funciona o conselho medico-legal da respectiva circumpscrição, procedendo o juiz deprecado ás formalidades do artigo 37.º". Decreto de 16 de novembro de 1899. Ibidem, p. 716.

Marques dos Santos (médico alienista) e Alberto Moreira da Rocha Brito (médico antropologista), procedeu ao exame mental de António F. S., proferindo o seu veredicto final a 26 de novembro do mesmo ano, sublinhando que o examinado apresentava um delírio acentuado e progressivo, constituído de conceitos egocêntricos e primitivos, supondo-se vítima da hostilidade do meio que o rodeava de uma forma obsessiva e desconfiada. O arguido manifestava, portanto, uma completa ausência de senso crítico, mostrando-se incapaz de considerar qualquer espécie de falhas interpretativas, estando indiscutivelmente convicto da existência de factos hostis e dos meios utilizados para essa hostilidade. A este respeito podemos ler na obra *Elementos de Psychiatria*:

> "(...) o paranoico aprecia sempre erradamente as relações do mundo com o seu Eu, porque parte d'um ponto de vista falso, e é radicalmente incapaz de o corrigir" (Matos, 1911, p. 568).

Após a reunião e análise detalhada dos vários elementos do processo e dos resultados do exame direto do arguido, os médicos do Conselho Médico-legal relataram que a sintomatologia psíquica do indivíduo examinado se destacava nitidamente a partir dos seus escritos, caracterizando a sua personalidade, e que, ao ser misturada com hábitos de alcoolismo crónico, verborreia, exaltação de memória, inexistência de sintomatologia somática, bem como a ausência de um passado mórbido que pudesse relacionar-se ou ter atuado, direta ou indiretamente, no estado de António, seria fácil e lícito concluir que:

- ✓ António Ferreira da Silva padecia de paranoia com delírio persecutório e de alcoolismo crónico;
- ✓ Deveria ser internado numa instituição manicomial como medida profilática;
- ✓ Era irresponsável pelo delito cometido, em virtude de anomalia psíquica.

Note-se que o homem era cadastrado por condenações anteriores, decorrentes de outras investidas a várias pessoas e instituições, como foi o caso, por exemplo, de uma ofensa direta a um agente de autoridade, que lhe valera seis meses de prisão, acrescida de uma multa de dez centavos por dia, cuja pena tinha sido acompanhada, desde a sua pronúncia, por reações descontroladas de injúrias com impropérios proferidos ao acaso, aquando da sua condução ao estabelecimento prisional. Ou ainda outra sentença, referente ao desterro para Setúbal, em consequência de ofensas corporais, em 1915, com direito a exame médico, que haveria de ser o primeiro realizado e lhe valera a pena citada.

Toda a sua excitação maníaca levara este indivíduo a denunciar obsessivamente todos os que, no seu percurso da vida quotidiana, o importunavam, despoletando-lhe uma raiva compulsiva, o que o conduzira várias vezes aos tribunais, na qualidade de queixoso, não obstante sair de lá quase sempre como condenado.

Na sua exaltação desregrada, com inúmeros protestos públicos que exibia incontidamente, António Ferreira da Silva mostrava- se incapaz de alguma capacidade de formar um juízo valorativo sobre si mesmo com alguma sagacidade. Ao contrário, denotava emoções alteradas, não parecendo ter consciência da gravidade dos seus atos, revelando um comportamento de tipo persecutório. Pode mesmo ler-se no impresso por ele publicado e que consta no processo do examinado:

> "Isto era um complot contra mim premeditado por um grupo de patifes protegidos pelo tribunal e administração, pois ali tudo se faz: archivam-se processos com provas legaes como fizeram commigo, n'um processo que instaurei contra tres patifes e no qual, quando alguma testemunha é inquirida e não convém a prova, o depoimento não é escripto por manifesta má fé, dizendo o juiz que eu não tinha o direito de me defender. Os corações generosos que respondam a isto! Elle sabe que eu conheço todas as patifarias, motivo esse porque fui desterrado, para tudo ficar á vontade, porque os afrontava. Raça dos cobardes, a dos Coitinhos & C.ª!" (Silva, 1917[167])

O sucedido despertou algum interesse na época, já que o Jornal *O Domingo*, de 20 de agosto de 1916, noticiou acerca do assunto, servindo igualmente de veículo de defesa da família injuriada num artigo denominado «Uma Explicação», onde pode ler-se:

> "O pobre louco de que se trata, n'um periodo da sua paranoia, publicou ha tempos uns panfletos (...), parecia depreendêr-se que ele pretendia ferir-me a mim e a meu chorado pae (...), falecido ha dois anos e meio, atribuindo-nos responsabilidades no exercicio das nossas funções de escrivães de direito e vendo ainda em mim atravez do prisma da sua imaginação prevertida *a prática de* actos pessoáes menos decorósos. Como disse, não pode conceber-se uma desafronta a um ataque d'um louco, mas como ainda não se encontra internado n'um estabelecimento de segurança social, sujeito a um regimen de tratamento e entregue á guarda de pessôas que o inibam de manifestar em publico as suas alucinações, vejo-me forçado a umas sucintas explicações."[168]

O caso de António Ferreira da Silva foi ainda retratado em *O Século Cómico*, de 23 de dezembro de 1915 (figura 4), que, de acordo com a mencionada notícia do Jornal *O Domingo*, "o tornava uma figura histórica de almanaque quando dele se ocupou sob a epígrafe Barbeiro Recomendável" [169]

---

[167] In *Processos do Instituto de Medicina Legal de Coimbra (1917). Caixa 20, Série C, processo nº 197, documento nº 7*

[168] Ibidem, *documento nº 8 – Jornal O Domingo, de 20 de agosto de 1916, p. 4.*

[169] Ibidem.

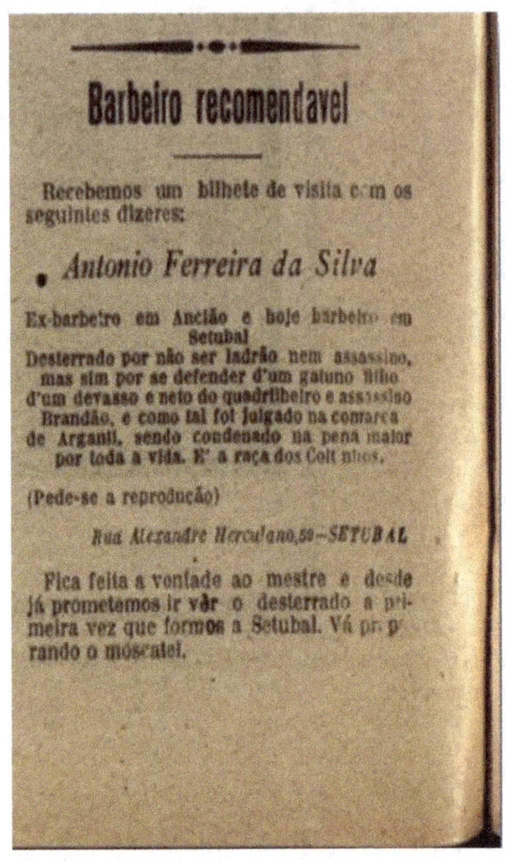

Figura 4. Recorte *de O Século Cómico*, onde António Ferreira da Silva foi retratado[170]

É interessante verificar que este caso se reporta a atos de difamação e calúnia praticados por um indivíduo padecente de delírio persecutório, uma vez que, de acordo com Júlio de Matos, era precisamente este tipo de doentes, a par com os histéricos, os que mais cometiam tais crimes, podendo ler-se o seguinte no *Manual das Doenças Mentaes*:

> "Incorrem n'estes crimes principalmente os alienados hystericos e os perseguidos. (...) Nos segundos, a causa do delicto reside principalmente nos processos *allucinatorios*. Assim, uns, os loucos hystericos diffamam e calumniam pelo simples desejo morbido de architectar historias falsas; outros, os perseguidos, diffamam e calumniam, porque as allucinações os conduzem a tomar como reaes impressões puramente subjectivas" (Matos, 1884, p.364).

---

[170] *O Século Cómico* (XVIII) nº 946, de 23 de dezembro de 1915.

Considerações Finais

O nascimento da Psiquiatria Forense ocorreu num contexto sociopolítico amplo, gerado a partir do clima intelectual derivado do Iluminismo, comum a vários países do mundo ocidental.

A sociedade europeia de Oitocentos, produto das revoluções liberais, serviu de palco para o aparecimento do *manicómio*, arquitetura física de função institucional e social, ilustrativa da tendência disciplinar caracterizadora dos tempos contemporâneos, concebido como uma resposta eficaz à necessidade de libertar a sociedade burguesa do sujeito alienado, visto como um enorme obstáculo ao progresso civilizacional. Tal libertação social expressou-se mediante a institucionalização do *louco* num espaço específico, estabelecendo-se tecnologias de vigilância total, baseadas na pirâmide de olhares médicos.

O estabelecimento manicomial representava um avanço considerável na dicotomia «defesa-regeneração», ao ter uma dupla função social, pois, por um lado, defendia e protegia a sociedade, ao excluir o sujeito alienado da mesma; por outro, procurava eliminar essa alienação mental, tendo como objetivo a reintegração de tais indivíduos assim que a cura se verificasse. Este tipo de instituições permitiu ainda a produção de conhecimento sistemático acerca das causas e dos tratamentos, funcionando como verdadeiros laboratórios clínicos.

Ao ser colocado no manicómio, e sendo este uma instituição total, o alienado era conduzido a uma progressiva mutilação do "Eu", tal como este é percecionado no mundo exterior. Tratava-se de uma despersonalização que começava no momento de admissão (colheita de dados pessoais, despojamento de roupas e objetos pessoais, rituais de peso e banho, corte de cabelo, uso de uniforme e atribuição de um número) e que se mantinha nas rotinas diárias e nos procedimentos de vigilância e controlo inerentes à dinâmica institucional.

É de sublinhar que existem especificidades na forma como o controlo passou a ser exercido nas sociedades industriais ocidentais, apresentando características como o aumento da intervenção do Estado para controlar o desvio, o surgimento de uma classificação de carácter científico em relação aos desviantes, bem como o aumento da segregação dos mesmos através da sua institucionalização. Nesta perspetiva, tal segregação foi agilizada quando se passou a acreditar que os loucos e os criminosos eram intrinsecamente capazes de serem modificados. Deste modo, a construção de um ambiente especial para os desviantes fornecia os meios de integrar o tratamento corretivo com a manutenção de controlo regular sobre os cenários da vida diária.

Neste enquadramento, ao analisar-se a construção histórica da Psiquiatria Forense europeia ao longo do século XIX e início do século XX, encontra-se, num primeiro momento, a predominância de uma conceção mais biologista, determinista, num claro afastamento face à conceção clássica do homem dotado de livre-arbítrio, até então determinante.

Progressivamente, assistiu-se a uma mudança de perspetiva relativa ao estudo do crime, desde a biotipologia do criminoso proposta por Lombroso, passando pela teoria multifatorial de Ferri, numa busca constante da compreensão de tal fenómeno, de modo a melhorar o seu controlo, vislumbrando-se uma sociedade livre de crime. Tornava-se então fundamental uma cada vez mais profunda avaliação do indivíduo, mesmo que tal implicasse a incursão no perigoso extremo de tudo vigiar.

Foi, portanto, no seio desta nova racionalidade penal que a Medicina Psiquiátrica interveio e se tornou imprescindível. Tomando como ponto de partida os pressupostos das teorias criminológicas dos finais de Oitocentos, as medidas preventivas passaram a integrar exames físicos e sociográficos, bem como tratamento individualizado. Deste modo, a perigosidade transformou-se num novo critério penal, determinador de políticas criminais preventivas, corretivas ou punitivas, orientadas, no seio da sociedade vigente, para o duplo eixo proteção social/prevenção e tratamento/recuperação do delinquente.

Na transição do século XIX para o XX, a defesa social assumiu-se assim como uma nova lógica do Direito Penal, que inspirou a reforma dos códigos penais europeus e do sistema penitenciário, tendo como propósito a definição do *estado perigoso*, averiguando as suas causas e procurando neutralizá-las. Com efeito, o entendimento do crime reconverteu-se, através de uma nova abordagem científica, cuja doutrina se inseria no positivismo e que evidenciava o grau de perigosidade do agente em substituição da gravidade do delito.

De facto, a conceção de perigosidade alterou o enfoque do pensamento jurídico do crime para o criminoso, transformando-se numa medida implementadora de estratégias e políticas criminais preventivas.

Contudo, foi somente com a Reforma dos Serviços Prisionais de 1936, já apoiada nas novas perspetivas sobre o crime, focadas não tanto na ação, mas antes no sujeito que a praticara, que o sistema forense se propunha, pela primeira vez e de uma forma inequívoca, identificar os estados de «pré-delinquência» e suprimi-los, numa clara tentativa de avaliar cientificamente os riscos e, assim, responder em conformidade, produzindo efeitos decisivos na legislação portuguesa. Deste modo, preservando o princípio clássico da responsabilidade penal, a Reforma de 1936 passou a assegurar a necessidade

de compatibilizá-la com o elemento de defesa social, proposto inequivoca-
mente pela Escola Positiva[171].

No entanto, torna-se importante enunciar que no sistema jurídico-penal
português o conceito de perigosidade, como fundamento da medida de segurança, apenas veio a ser contemplado com configuração legal nos anos cinquenta,
por meio do Decreto-Lei n.º 39688, de 5 de junho de 1954[172], que, nesse ano,
regulamentou as perícias médico-psiquiátricas e introduziu alterações no
Código Penal de 1886, ainda em vigor na altura.

No que diz respeito ao pensamento médico-forense, como se verificou,
Portugal acompanhou, em linhas gerais, o que se passava na Europa. A abertura
do Hospital de Rilhafoles, em 1848, marcou o início da institucionalização da
Psiquiatria moderna portuguesa, facto que se acentuou através da inauguração
do Hospital Conde de Ferreira, em 1883, pela mão de António Maria de Sena.

A «Lei Sena», em julho de 1889, marcou o início da organização dos serviços
psiquiátricos, ao procurar dar resposta ao problema da alienação mental em
Portugal, através de uma rede administrativa à escala nacional.

A partir daí, e até ao final do século XIX, os diplomas legais sob a forma de legislação avulsa sucederam-se, tendo sido promulgadas importantes
leis, como a dos «Alienados Delinquentes», a 3 de abril de 1896, regulando
sobre a realização de exames periciais para apuramento de alienação mental,
bem como sobre o destino a dar aos alienados que praticassem crimes, e a
lei que instaurou os serviços médico-legais em Portugal, em agosto de 1899.
No mesmo ano, foi ainda publicado o Decreto de 16 de novembro de 1899, que
veio integrar o Regulamento dos Serviços Médico-legais, e no ano seguinte o
"Questionario e instrucções, que, na conformidade do artigo 7º da lei de agosto

---

[171] "(…) Àqueles a quem não pode atribuir-se a responsabilidade penal, não pode também
aplicar-se uma pena. Mas, sendo assim, e se a pena fosse o único processo de luta, deixaria de
haver uma defesa social contra elementos que, se pessoalmente irresponsáveis, se revelam socialmente perigosos. § Por outro lado, a pena está condicionada na sua aplicação, pela prática
de factos criminosos; ora pode haver, e há, estados altamente prejudiciais para a sociedade,
porque neles se gera a ameaça permanente do crime, que é necessário modificar e melhorar (...)
§ Mantém-se o princípio fundamental da responsabilidade penal, não se desconhece todavia
que delinquentes a quem faltam as condições dessa responsabilidade, que constituem todavia
elementos prejudiciais para a sociedade, e sobre os quais é necessário atuar em ordem de defesa
social, e atos que não constituem ainda um crime, mas são um estado de pré-delinquência, que
é igualmente necessário suprimir". Ponto 12 do Decreto-Lei nº 26643. *Diário do Govêrno* nº
124, Série I, de 28 de maio de 1936, p. 584.

[172] "Os dementes inimputáveis que tenham cometido um facto previsto na lei penal a que
corresponda pena de prisão por mais de seis meses, e que pela natureza da afecção mental devam
ser considerados criminalmente perigosos, mormente em razão da tendência para perpetração de
atos de violência, serão internados em manicómios criminais. O internamento cessará quando o
tribunal verificar a cessação do estado de perigosidade criminal resultante da afecção mental".
§ único do art. 68º do Decreto-Lei n.º 39688, de 5 de junho de 1954. Diário do Governo nº
122/54, Série I, de 5 de junho de 1954, p. 649.

de 1899, devem observar-se nos exames que não forem feitos pelos conselhos medico-legaes", com o objetivo de complementar a legislação organizativa dos serviços médico-legais.

Apesar destes diplomas transparecerem avanços bastante importantes, a organização da assistência psiquiátrica em Portugal continuava algo rudimentar, sobretudo na aplicabilidade prática da legislação, no que se referia, por exemplo, à colocação dos indivíduos considerados inimputáveis por razões de alienação mental. Contudo, é inegável que a Psiquiatria Forense portuguesa conheceu um período áureo a partir do final do século XIX, contando com médicos, na sua maioria ligados ao ideário republicano, cujo objetivo era defender e protagonizar um modelo reformador, transformando o cenário até aí em vigor, que contava com uma intervenção médica nos tribunais pouco frequente.

O facto de a pena de morte para os delitos comuns ter sido abolida em Portugal, em 1867, acabou por ter grandes repercussões na Psiquiatria Forense nacional, exacerbando a sua originalidade. Efetivamente, Portugal foi o segundo Estado da Europa, após o Grão-Ducado da Toscana, que o fizera em 1786, a revogar a pena capital, tendo-se tornado o primeiro país do mundo a prever a abolição da pena de morte na Lei Constitucional, após a Reforma Penal de 1867. Ora, isso permitiu o desenvolvimento de estudos de caso no âmbito da Psiquiatria Forense, bem como uma produção de conhecimento sobre a temática do crime e loucura, pois, em vez de se condenar à morte os alienados criminosos por serem considerados seres anómalos ou monstruosos, estes eram colocados em manicómios criminais, tornando-se objeto de observação e análise intensivas.

Neste âmbito, através do estudo antropométrico, biológico e social dos autores dos delitos, passou a fazer-se a devida pesquisa biográfica do sujeito criminoso, bem como o inventário das suas faculdades mentais, com o propósito de se verificar se seria suscetível de imputação.

Como foi atrás referido, os alienistas que mais se destacaram na Psiquiatria Forense portuguesa, no período em questão, foram Júlio de Matos, Miguel Bombarda e Sobral Cid.

Apesar de Bombarda e Cid terem sido grandes figuras nesta área, Júlio de Matos teve uma influência especial e profunda na Psiquiatria Forense nacional. O seu pensamento, a sua ação e o exercício do magistério revelam uma profunda articulação entre a Psiquiatria, o Direito Penal e a Criminologia. Com efeito, ele era o médico português daquela época que mais conhecimentos tinha de Direito, defendendo ativamente as transformações do Direito Penal Clássico no sentido de assumir a teoria da defesa social. Matos analisou e escreveu sobre todas as doenças mentais que determinaram situações de interesse médico-legal, as quais foram documentadas com a vasta experiência pessoal do alienista. Foram vários os médicos por ele inspirados e inúmeras as alusões às obras do psiquiatra e aos seus ensinamentos, em diversas situações de exames mentais pedidos pelos tribunais.

Matos estudou detalhadamente a etiologia da doença mental, nomeadamente as causas endógenas, procedentes do indivíduo, ligadas à sua constituição e atuando como fatores internos, bem como as causas exógenas, procedentes do ambiente físico e social, relativamente independentes das condições individuais, exercendo a sua ação como fatores externos.

Para além disso, debruçou-se também na correlação entre especificidades patológicas e tipos de crime. Assim, no que se refere, por exemplo, ao crime de difamação/calúnia, o psiquiatra portuense afirmava que os *histéricos* e os que padeciam de *delírio persecutório* eram os alienados mais incidentes neste tipo de delito. Os primeiros, dizia ele, eram movidos pela tendência invencível à mentira; os segundos eram conduzidos por processos alucinatórios. Desta distinção resultaria, segundo ele, uma outra, bastante importante do ponto de vista médico-legal: enquanto as calúnias protagonizadas por indivíduos padecentes de *histeria* eram, geralmente, bastante credíveis, resultantes de uma detalhada premeditação, as dos sujeitos que sofriam de *delírio persecutório* revestiam, em regra, uma falsidade detetável. Tal pode ser observado no caso de António Ferreira da Silva, tratando-se de um delito de difamação e calúnia praticado por um indivíduo que padecia de *delírio persecutório*.

Quanto ao crime de homicídio voluntário, Júlio de Matos esclarecia que todo o alienado poderia, num dado momento, tornar-se um homicida. Contudo, *epiléticos*, *alcoólicos*, mulheres com *mania puerperal*, indivíduos que padeciam de *delírio persecutório* e *lipemaníacos ansiosos*, seriam os que teriam maior probabilidade de cometer um assassinato ou atos agressivos (ofensas corporais), que, frequentemente, mais não seriam senão uma tentativa frustrada de homicídio.

Detalhando, no caso dos *epiléticos*, o homicídio praticado por estes doentes seria sempre o resultado de um impulso «cego» e «inconsciente», apresentando, regra geral, episódios de amnésia após o ato.

O crime de assassinato praticado por indivíduos *alcoólicos*, acontecia geralmente, segundo Matos, no âmbito de alucinações ou crises de agitação maníaca.

Relativamente aos crimes cometidos por mulheres padecentes de *mania puerperal*, constituíam, sobretudo, crimes de infanticídio, praticados por recém-parturientes acometidas de *agitação maníaca*.

No que se refere a indivíduos que padeciam de *delírio persecutório* e *lipemaníacos ansiosos*, Júlio de Matos esclarecia que o crime de homicídio, contrariamente aos casos anteriormente enunciados, seria premeditado. Neste sentido, não raro, os «perseguidos», dominados por alucinações de natureza agressiva, degeneravam em «perseguidores», imperando a ideia de vingança, que se transformava em premeditação de um ato agressivo ou mesmo em assassinato.

De acordo com Matos, os *lipemaníacos ansiosos* premeditavam o crime de homicídio ou de agressão sob influência de sentimentos que os faziam buscar um prazer no rebaixamento da sua própria personalidade. O psiquiatra chegou a referir que, nos países em que existia a condenação à morte por guilhotina, tais alienados praticavam, por vezes, o crime de homicídio com o objetivo de serem condenados à pena capital.

No que concerne particularmente ao crime de agressão ou ofensas corporais, independentemente de constituir ou não uma tentativa de homicídio frustrada, Matos alegava que, apesar de ser maioritariamente cometido por indivíduos sofredores das formas de alienação atrás descritas, poderia ser praticado por um sujeito padecente de uma qualquer patologia mental, durante uma crise de agitação.

O que foi atrás referido acerca dos crimes de homicídio e agressão é passível de ser verificado nos casos estudados, como o de Rodrigo de Barros Teixeira dos Reis, que em 1905 assassinou o seu antigo professor, Doutor Sousa Refoios, tendo sido declarado inimputável pelo seu ato, em virtude de sofrer de *megalomania das grandezas* em coexistência com *delírio persecutório*, combinação que, de acordo com Júlio de Matos, levava frequentemente à prática do crime de homicídio.

No caso do Tenente Aparício Rebelo dos Santos, que assassinou Miguel Bombarda em 1910 e foi classificado como *paranoico primitivo* com *delírio persecutório*, podia ler-se 26 anos antes, na obra *Manual das Doenças Mentaes*, de Júlio de Matos, que os indivíduos padecentes de constantes alucinações auditivas de natureza agressiva ou penosa, acabavam por tornar-se eles próprios perseguidores, sendo dominados pela ideia de vingança e, assim, premeditando o crime. Ora, foi exatamente o que sucedeu.

O caso de Pedro A., que assassinou o seu tio e tinha sido considerado pelo Conselho Médico-Legal que o examinara como *débil mental* com *epilepsia*, encaixa na categoria dos crimes de homicídio praticados por *epiléticos*. O examinado apesentava, inclusivamente, episódios de amnésia após o ato criminoso, situação frequente neste tipo de patologia, de acordo com o que escreveu Júlio de Matos no seu *Manual*.

O mesmo sucede com o caso de Júlia C. A. V., padecente da mesma enfermidade mental (*epilepsia*), que cometeu o crime de agressão, apontado por Matos como um dos crimes mais praticados por *epiléticos*.

No caso de Amélia S. A., verifica-se igualmente o previsto pelo alienista, ao defender que os indivíduos sofredores de *paranoia com delírio persecutório* eram dos mais propensos à prática dos crimes de homicídio ou agressão. Neste caso específico, verificou-se o segundo tipo de crime referido e de forma recorrente, o que preocupava os membros do Conselho Médico-legal que observaram a ré, na medida em que era urgente alterar a legislação e tomar medidas profiláticas em face de situações como esta, devendo ter-se em consideração a perigosidade do agente criminoso e não a gravidade do crime cometido.

A mesma preocupação sobre o grau de perigosidade era manifestada no caso de António C., que cometeu um crime contra a propriedade e que poderia ter colocado vidas em risco. Matos exemplificava com o delito de fogo posto que os crimes contra a propriedade eram largamente cometidos por indivíduos padecentes de *idiotia*, resultando, geralmente, de impulsos cegos e inconscientes.

A História da Psiquiatria Forense é um tema fascinante, de uma complexidade colossal e merecedor de diversos estudos histórico-científicos. As controvérsias entre a lei e a saúde estenderam-se, com propostas de alterações em função dos pontos de vista, alimentando as polémicas médico-legais até hoje.

Este livro pretende, assim, ser um contributo para o entendimento da dinâmica psiquiátrica forense em Portugal na viragem do século XIX para o século XX.

FONTES E BIBLIOGRAFIA

Manuscritas

Hospital de Rilhafoles, Registos de entrada de homens (1904-1937). Livro 7195.

Morgue de Lisboa – Alienação Mental. *Livro de Processos do Conselho Medico-legal* (1910).

Pareceres e Consultas de Advogados (1901-1912). Delegação do Centro do Instituto Nacional de Medicina Legal, Livro 10.

Pimenta, B. (1905). *Memórias 1879-1908.* Volume 1.

Processos do Instituto de Medicina Legal de Coimbra (1906). Caixa 3, *Série A.*

Processos do Instituto de Medicina Legal de Coimbra (1911). Caixa 7, Série A.

Processos do Instituto de Medicina Legal de Coimbra (1913). Caixa 11, Série B.

Processos do Instituto de Medicina Legal de Coimbra (1916). Caixa 18, *série C.*

Processos do Instituto de Medicina Legal de Coimbra (1917). Caixa 20, série C.

Processos do Instituto de Medicina Legal de Coimbra (1919). Caixa 24, Série C.

Registo de Exames Mentaes e Respectivos Pareceres do Conselho Medico-legal (1900-1911). Livro 11.

Impressas

A Folha de Coimbra, nº 455 – ano V, de 8 de dezembro de 1905.

Alves, F.; Silva, L. F. (2004). Psiquiatria e comunidade: elementos de reflexão. *Atas dos Ateliers do V Congresso Português de Sociologia. Sociedades Contemporâneas: Reflexividade e ação. Atelier: Saúde,* 56-64.

https://repositorioaberto.uab.pt/bitstream/10400.2/8295/1/2004d.pdf.

Antunes, M. J.; Costa, F. S. (2006). Inimputabilidade em Razão de Alienação Mental: um caso da época. In Pereira, A. L. & Pita, J. R. (coord.), *Miguel Bombarda e as singularidades de uma época.* Coimbra: Imprensa da Universidade de Coimbra.

Bombarda, M. (1896a). *Lições sobre a Epilepsia e as Pseudo-Epilepsias.* Lisboa: Livraria de António Maria Pereira.

Bombarda, M. (1896b). *O Delirio de Ciume.* Lisboa: Publicações da "Medicina comtemporanea", Livraria Rodrigues.

Bombarda, M. (1898). *A Consciencia e o Livre Arbitrio.* Lisboa: Livraria de António Maria Pereira Editor.

Bombarda, M. (1900). *A Biologia na vida social. Discurso inaugural do ano académico 1900-1901.* Lisboa: Sociedade das Ciências Médicas de Lisboa.

Bombarda, M. (1903). Loucos e Criminosos. *A Medicina Contemporanea: hebdomadario portuguez de sciencias medicas, 21,* 221-222.

Brandão, J. (s.d.). *Miguel Bombarda.* http://www.vidaslusofonas.pt/BOMBARDA.htm.

Cid, J.M.S. (1983a). *Obras de José de Matos Sobral Cid: Psicopatologia Clínica e Psicopatologia Forense 1877-1941. Vol. I.* Lisboa: Fundação Calouste Gulbenkian.

Cid, J.M.S. (1983b). *Obras de José de Matos Sobral Cid: Outros temas psiquiátricos, problemas de ensino e outros temas 1877-1941. Vol. II.* Lisboa: Fundação Calouste Gulbenkian.

Codigo Civil Portuguez approvado por Carta de Lei de 1 de julho de 1867, (1868). 2ª Edição Official. Lisboa: Imprensa Nacional.

Codigo Penal, approvado por Decreto de 10 de dezembro de 1852 (1855). Lisboa: Imprensa Nacional.

Código Penal Português. Nova Publicação Oficial ordenada por Decreto de 16 de setembro de 1886 (Diário do Govêrno de 20 de setembro do mesmo ano), (1919). 7ª Edição. Livro I: Disposições Gerais. Coimbra: Imprensa da Universidade.

Cohen, S. (1985). *Visions of Social Control.* Cambridge: Polity Press.

Correia, E. (1977). A Evolução Histórica das Penas. *Boletim da Faculdade de Direito da Universidade de Coimbra.* Vol. LIII, p. 51-150.

Correia, E. (1996). *Direito Criminal.* Vol. I, Reimp.. Coimbra: Livraria Almedina.

Costa, J. P. (2004). O Direito e a dimensão mental da pessoa humana no tempo e no espaço. *Revista da Faculdade de Direito da Universidade do Porto, 1,* 485-503.

Cruz, I. P. (2012a). Debates entre Júlio de Matos e Rafaelle Garofalo: Postulados da Escola Positiva face à questão da loucura moral. In Pereira, A. L.; Pita, J. R. (Eds.), *II Jornadas de História da Psiquiatria e Saúde Mental.* Coleção Ciências, Tecnologias e Imaginários. Estudos de História – séculos XVIII-XX, nº 4. Coimbra: Sociedade de História Interdisciplinar da Saúde / Grupo de História e Sociologia da Ciência e da Tecnologia do Centro de Estudos Interdisciplinares - CEIS20, Universidade de Coimbra, pp. 81-86. ISBN 978-972-8627-33-1. https://www.shis.pt/a&m/images/ckeditor/files/2011-JornadasHistoriaPsiquiatria2.pdf.

Cruz, I. P. (2012b). Os Projeteis de Apparicio Rebello dos Santos: o homem, o doente e o criminoso. *In* Pereira, A. L.; Pita, J. R. (Eds.), *II Jornadas de História da Psiquiatria e Saúde Mental.* Coleção Ciências, Tecnologias e Imaginários. Estudos de História – séculos XVIII-XX, nº 4. Coimbra: Sociedade de História Interdisciplinar da Saúde / Grupo de História e Sociologia da Ciência e da Tecnologia do Centro de Estudos Interdisciplinares - CEIS20, Universidade de Coimbra, pp. 24-29, ISBN 978-972-8627-33-1 https://www.shis.pt/a&m/images/ckeditor/files/2011-JornadasHistoriaPsiquiatria2.pdf.

Cruz, I. P. (2014). Arquivo da Medicina Legal de Coimbra: interpretação de casos ligados à psiquiatria forense (1900-1926). In Pereira, A. L.; Pita, J. R. (Eds.), *IV Jornadas Internacionais de História da Psiquiatria e Saúde Mental.* Coleção Ciências, Tecnologias e Imaginários. Estudos de História – séculos XVIII-XX, nº 10. Coimbra: Sociedade de História Interdisciplinar da Saúde / Grupo de História e Sociologia da Ciência e da Tecnologia do Centro de Estudos Interdisciplinares - CEIS20, Universidade de Coimbra, pp. 57-70. ISBN: 978-972-8627-51-5 https://www.shis.pt/a&m/images/ckeditor/files/2014-JornadasHistoriaPsiquiatria-4.pdf.

Cruz, I. P. (2015a). O Conceito de «Temibilidade»: evolução jurídico-científica e sua aplicabilidade em Portugal no primeiro quartel do Século XX. In I. Malaquias; A. Andrade; V.

Bonifácio; H. Malonek, *Perspetivas sobre construir Ciência*. Aveiro: Universidade de Aveiro Editora, 127-133. ISBN: 978-972-789-475-8.

Cruz, I. P. (2015b). Um caso de idiotia examinado pelo conselho médico-legal da circunscrição de Coimbra (1913). *In*: Pereira, A. L.; Pita, J. R. (Eds.), *V Jornadas Internacionais de História da Psiquiatria e Saúde Mental*. Coleção Ciências, Tecnologias e Imaginários. Estudos de História – séculos XVIII-XX, nº 11 Coimbra: Sociedade de História Interdisciplinar da Saúde / Grupo de História e Sociologia da Ciência e da Tecnologia do Centro de Estudos Interdisciplinares - CEIS20, Universidade de Coimbra, pp. 49-55. ISBN 978-972-8627-63-8. https://www.shis.pt/a&m/images/ckeditor/files/2015-JornadasHisto%CC%81riaPsiquiatria-5.pdf.

Cruz, I. P. (2017a). História da Psiquiatria Forense em Portugal (1884-1926): a consistente originalidade de Júlio de Matos. Tese de doutoramento em Altos Estudos em História, apresentada à Faculdade de Letras da Universidade de Coimbra. Estudo Geral: Repositório Científico da Universidade de Coimbra https://estudogeral.uc.pt/handle/10316/32145.

Cruz, I. P. (2017b). Crime, insanidade e jurisprudência em cenário conimbricense no início do século XX: o caso de Rodrigo de Barros Teixeira dos Reis. In R. Simões; C. Serrano; S. Neto; J. Miranda (Orgs.), *Pessoas e ideias em trânsito: percursos e imaginários*. Coimbra: Imprensa da Universidade de Coimbra, pp. 253-273. ISBN 978-989-26-1362-8 https://estudogeral.uc.pt/handle/10316/46572.

Cruz, I. P. (2018). Normas e Procedimentos da Psiquiatria Forense Portuguesa na transição de Oitocentos para Novecentos: o caso de António Ferreira da Silva. In Pereira, A. L.; Pita, J. R. (Coords.), *História Interdisciplinar da Loucura, Psiquiatria e Saúde mental VIII*. Coimbra: Sociedade de História Interdisciplinar da Saúde / Grupo de História e Sociologia da Ciência e da Tecnologia do Centro de Estudos Interdisciplinares - CEIS20, Universidade de Coimbra, pp. 135-141. ISBN: 978-989-99637-8-8. https://www.shis.pt/a&m/images/ckeditor/files/2018%20HistoriaInterLoucuraPsiquiatria%208.pdf.

Cruz, I. P. (2019). Um Caso do Arquivo da Psiquiatria Forense Portuguesa: a complexidade do processo de P. A. (1908-1910). In Pereira, A. L.; Pita, J. R. (Coords.), *História Interdisciplinar da Loucura, Psiquiatria e Saúde mental IX*. Coleção Ciências, Tecnologias e Imaginários. Estudos de História – séculos XVIII-XX, nº 15. Coimbra: Sociedade de História Interdisciplinar da Saúde / Grupo de História e Sociologia da Ciência e da Tecnologia do Centro de Estudos Interdisciplinares - CEIS20, Universidade de Coimbra, pp. 153-158. ISBN: 978-989-54124-9-5 https://www.shis.pt/a&m/images/ckeditor/files/2019_HistoriaInterLoucuraPsiquiatria_9.pdf

Cruz, I. P. (2020). 120 Anos da Promulgação da Lei de 17 de agosto de 1899: um marco incontestável na História da Psiquiatria Forense em Portugal. In Pereira, A. L.; Pita, J. R. (Coords.), História Interdisciplinar da Loucura, Psiquiatria e Saúde mental X. Coleção Ciências, Tecnologias e Imaginários. Estudos de História – séculos XVIII-XX, nº 17. Coimbra: Sociedade de História Interdisciplinar da Saúde / Grupo de História e Sociologia da Ciência e da Tecnologia do Centro de Estudos Interdisciplinares -CEIS20, Universidade de Coimbra, pp. 45-50. ISBN: 978-989-54537-1-9

https://www.shis.pt/a&m/images/ckeditor/files/2020__HistoriaInterLoucuraPsiquiatria_10.pdf.

Cruz, I. P. (2021). Simulação de Loucura: um caso do arquivo da psiquiatria forense portuguesa. In Pereira, A. L.; Pita, J. R. (Coords.), *História Interdisciplinar da Loucura, Psiquiatria e Saúde mental XI*. Coleção Ciências, Tecnologias e Imaginários. Estudos de História – séculos XVIIIXX, nº 19. Coimbra: Sociedade de História Interdisciplinar da Saúde / Grupo de História e Sociologia da Ciência e da Tecnologia do Centro de Estudos Interdisciplinares -CEIS20, Universidade de Coimbra, pp. 23-28. ISBN: 978-989-54537-7-1 https://www.shis.pt/a&m/images/ckeditor/files/2021_HistoriaInterLoucuraPsiquiatria_11.pdf.

Cruz, I. P. (2022). Dissensão médico-legal: o caso de Maria da Graça J. (1904). In A.L. Pereira; J.R. Pita (Coords.), *Mulheres e Loucura IV*. Coleção Ciências, Tecnologias e Imaginários. Estudos de História – séculos XVIII- XX, nº 22.2. Sociedade de História Interdisciplinar da Saúde, pp. 23-27. ISBN: 978-989-53831-0-8 https://shis.pt/a&m/images/ckeditor/files/2022_MulheresLoucura_4.pdf.

Debuyst, C. *et al.* (1998). *Histoire des savoirs sur le crime & la peine. La rationalité pénale et la naissance de la criminologie*. Vol.2. Paris: De Boeck & Larcier.

Decreto de 21 de maio de 1841 que contém a Novissima Refórma Judiciaria com os Mappas da Divisão do Territorio e as Tabellas dos Emolumentos Reformadas em virtude da Carta de Lei de 29 de julho de 1818 (1857). Coimbra: Imprensa da Universidade.

Decreto Ditatorial nº5, de 10 de janeiro de 1895. *Collecção Official de Legislação Portugueza – Anno de 1895* (1896). Lisboa: Imprensa Nacional.

Decreto de 16 de novembro de 1899. *Collecção Official de Legislação Portugueza – Anno de 1899* (1900). Lisboa: Imprensa Nacional.

Decreto com força de Lei de 11 de maio de 1911 («Lei Júlio de Matos»). *Diário do Govêrno* nº 111/11, Série I, de 13 de maio de 1911, p. 1945-1950.

Decreto nº 5:023, de 3 de dezembro de 1918. *Diário do Govêrno* nº 261, Série I, de 3 de dezembro de 1918.

Decreto-Lei nº 26:643, de 28 de maio de 1936. *Diário do Govêrno* nº 124/11, Série I, de 28 de maio de 1936.

Decreto-Lei n.º 39688, de 5 de junho de 1954. *Diário do Governo* nº 122/54, Série I, de 5 de junho de 1954.

Durkheim, É. (1977). *A Divisão do Trabalho Social*. Lisboa: Editorial Presença.

Durkheim, É. (2004). *As Regras do Método Sociológico*. Lisboa: Editorial Presença.

Ferri, E. (1905). *La Sociologie Criminelle*. Paris: Alcan.

Foucault, M. (1999). *Vigiar e Punir. Nascimento da Prisão*. 20ª Ed.. Petrópolis: Editora Vozes.

Foucault, M. (2007). *Los Anormales*. Curso en el Collège de France (1974-1975). Trad. por Horacio Pons, 4ª Reimp.. Buenos Aires: Fondo de Cultura Económica.

Franco, A.; Barriga, P. (2008). *O Homem que matou Sidónio Pais: a empolgante história de José Júlio da Costa*. Lisboa: Guerra e Paz Editores S. A..

Furtado, D. (1952). Miguel Bombarda. *Jornal do Medico, 19*, 201-207.

Garofalo, R. (1916). *Criminologia. Estudo sobre o delicto e a repressão penal. Seguido de um appendice sobre os termos do problema penal* por L. Carelli. Tradução e prefácio de Júlio de Matos. 3ª Ed.. Lisboa: Livraria Clássica Editora de A. M. Teixeira.

Goffman, E. (1961). *Asylums. Essays on the Social Situation of Mental Patients and other Inmates*. New York: Anchor Books.

Giddens, A. (2002). *Modernidade e Identidade*. Rio de Janeiro: Jorge Zahar Editor.

Garnel, M. R. (2007). *Vítimas e violências na Lisboa da I República*. Coimbra: Imprensa da Universidade.

Garnel, M. R. (2012). Bernardo Lucas: a defesa dos arguidos e a perícia médico-legal. In C. Agra (dir.), *A Criminologia: um arquipélago interdisciplinar* (137-161). Porto: U. Porto Editorial.

Garnel, M. R. (2013). Da Régia Escola de Cirurgia à Faculdade de Medicina de Lisboa. O Ensino Médico: 1825-1950. In S. C. Matos & J. R. Ó (coord.), *A Universidade de Lisboa, séculos XIX-XX*. Vol. II. Lisboa: Tinta da China.

Jornal *Resistencia*, nº 1060, 7 de dezembro de 1905.

Lei de 4 de julho de 1889. *Collecção Official de Legislação Portugueza – Anno de 1889* (1890). Lisboa: Imprensa Nacional.

Lei de 3 de abril de 1896. *Collecção Official de Legislação Portugueza – Anno de 1896* (1897). Lisboa: Imprensa Nacional.

Lei de 17 de agosto de 1899. *Collecção Official de Legislação Portugueza – Anno de 1899* (1900). Lisboa: Imprensa Nacional.

Lombroso, C. (1878). *L'uomo delinquente: in rapporto all'antropologia, giurisprudenza e alle discipline carcerarie.* 2ª ed..Torino: Fratelli Bocca.

Lombroso, C. (1889). *L'homme de génie.* Paris: Félix Alcan

Lombroso, C. (1896). *L'Anthropologie Criminelle et ses Récents Progrès.* 3ª ed.. Paris: Félix Alcan.

Magalhães, P. (1910). Miguel Bombarda, IV – Notas d'um amigo – A autopsia. *A Medicina Contemporanea: hebdomadario portuguez de sciencias medicas, 28,* 327-329.

Maldonado, M. A. (1960). *Alguns Aspectos da História da Criminologia em Portugal.* http://www. fd.unl.pt/Anexos/Investigacao/2102.pdf.

Mairet, A. (1908). *La simulation de la Folie.* Montpellier: Coulet et fils.

Matos, J. (1884). *Manual das Doenças Mentaes.* Porto: Livraria Central de Campos & Godinho – Editores.

Matos, J. (1898). *A Paranoia: ensaio patogénico sobre os delírios sistematizados.* Lisboa: Livraria Editora Tavares Cardoso & Irmão.

Matos, J. (1902). *Os Alienados nos Tribunaes.* Vol. I. Lisboa: Livraria Editora Tavares Cardoso & Irmão.

Matos, J. (1903). *Os Alienados nos Tribunaes.* Vol. II. Lisboa: Livraria Editora Tavares Cardoso & Irmão.

Matos, J. (1907). *Os Alienados nos Tribunaes.* Vol. III. Lisboa: Livraria Clássica Editora.

Matos, J. (1908). Os Alienados em Portugal. In *Notas sobre Portugal.* Vol. I (pp. 669-683). Lisboa: Imprensa Nacional.

Matos, J, (1911). *Elementos de Psychiatria.* Porto: Livraria Chardron.

Matos, J. (1913). *A Loucura: estudos clinicos e medico-legaes.* 2ª Ed.. Lisboa: Livraria Clássica Editora.

Morel, B. A. (1857). *Traité des dégénérescences physiques, intellectuelles et morales de l'espèce humaine et des causes qui produisent ces variétés maladives.* Paris: Chez J. B. Baillière.

O Século Cómico: suplemento humorístico de O Século, de 23 de dezembro de 1915.

Pais, L. (2004). *Uma História das Ligações entre a Psicologia e o Direito em Portugal: Perícias Psiquiátricas Médico-Legais e Perícias sobre a Personalidade como Analisadores.* [Unpublished doctoral *dissertation*]. Universidade do Porto.

Pereira, A. L. (1983). Júlio de Matos: a ciência e a política. *Psiquiatria Clínica, 4* (1), 49-56.

Pereira, A. L. (1984). *A economia da alienação mental na obra de Júlio de Matos.* Prova de capacidade científica na área de História moderna e contemporânea, apresentada à Faculdade de Letras da Universidade de Coimbra.

Pereira, A. L. (1986). A Institucionalização da Loucura em Portugal. *Revista Crítica de Ciências Sociais, 21,* 85-100.

Pereira, A. L. (2001). *Darwin em Portugal. Filosofia. História. Engenharia Social (1865-1914).* Coimbra: Almedina.

Pereira, A. L.; Pita, J. R. (coord.) (2006). *Miguel Bombarda e as singularidades de uma época*. Coimbra: Imprensa da Universidade de Coimbra.

Pereira, A. L. (2010). O normal e o patológico na obra de Júlio de Matos. In F. A. Machado, M. R. G. Gama & J. M. Fernandes (Orgs.), *Caminhos de cultura em Portugal*. Homenagem ao Professor Doutor Norberto Cunha. V.N. Famalicão: Húmus, p. 7-21.

Pereira, A. L. (2013). Medicina da mente: a dinâmica assistencial no século XIX. O caso português. *Revista CEPIHS (Centro de Estudos e Promoção da Investigação Histórica e Social)*, 3, 145-166.

Pereira, A. L. (2014). *Matos, Júlio Xavier de (1856-1922)*. In M. F. Rollo (Coord.), *Dicionário de História da I República e do Republicanismo*. Vol. 2. Lisboa: Assembleia da República – Divisão de Edições, p. 793-796.

Pereira, J. M. (2010). A psiquiatria no tempo da I República. In M. R. L. Garnel (Coord.), *Corpo. Estado, memória e sociedade no tempo da I República*. Lisboa: Centenário da República, 1910-2010, p. 131-137.

Pereira, J. M. (2015). *A psiquiatria em Portugal. Protagonistas e história conceptual (1884-1924)*. Tese de doutoramento em Altos Estudos em História, apresentada à Faculdade de Letras da Universidade de Coimbra. Estudo Geral: Repositório Científico da Universidade de Coimbra. https://estudogeral.uc.pt/handle/10316/29514.

Pereira, J. M. (2017). História da Psiquiatria Forense em Portugal. In F. Vieira, A. S. Cabral & C. B. Saraiva (Coords.), *Manual de Psiquiatria Forense*. Lisboa: Pactor, p. 3-16.

Pereira, J, M. (2020) *A psiquiatria em Portugal nas primeiras décadas do século XX: protagonistas*. Coimbra: Imprensa da Universidade de Coimbra.

Pereira, J. M. (2023). *Doenças e terapêuticas na psiquiatria portuguesa nas primeiras décadas do século XX*. Lisboa: Climepsi.

Piçarra, C. (2008). *As Ocupações de Terras no Distrito de Beja, 1974 – 1975*. Coimbra: Almedina.

Pichot, P.; Fernandes, B. (1984). *Um Século de Psiquiatria e A Psiquiatria em Portugal*. Lisboa: Roche Farmacêutica Química.

Pina, A. M. (2013). Miguel Bombarda e Júlio de Matos: o nascimento da psiquiatria em Portugal. In A. M. Pina, C. Maurício & M. J. Vaz (orgs.), *Metamorfoses da cultura. Estudos em homenagem a Maria Carlos Radich* (269-279). Lisboa: CEHC/IUL.

Questionario e instrucções, que, na conformidade do artigo 7º da lei de agosto de 1899, devem observar-se nos exames que não forem feitos pelos conselhos medico-legaes, de 8 de fevereiro de 1900. *Collecção Official de Legislação Portugueza – Anno de 1900* (1901). Lisboa: Imprensa Nacional.

Quintais, L. (2010). A perigosidade do agente e a emergência da psiquiatria forense portuguesa. In A. L. Pereira & J. R. Pita (eds.), *I Jornadas de História da Psiquiatria e Saúde Mental*. Coimbra: Centro de Estudos Interdisciplinares do Século XX da Universidade de Coimbra – Grupo de História e Sociologia da Ciência e da Tecnologia, p. 15-23.

Quintais, L. (2012). *Mestres da Verdade Invisível no Arquivo da Psiquiatria Forense Portuguesa*. Coimbra: Imprensa da Universidade.

Relatório da Junta Hospitalar de Inspeção para avaliar a capacidade de Aparício Rebelo dos Santos para o desempenho de serviço militar. Hospital Militar Principal, 22 de maio de 1929. Documento do Arquivo Histórico Militar.

Relvas, J. (1977). *Memórias Políticas*. Lisboa: Terra Livre.

Rodrigues, M. A. (dir.) (1992). *Memoria Professorum Universitatis Conimbricensis 1772-1937*. Vol. II. Coimbra: Arquivo da Universidade.

Santos, M. D. (2020). *A Contrarrevolução na I República (1910-1919)*. Coimbra: Imprensa da Universidade.

Sena, A. M. (1884). *Os alienados em Portugal: I-historia e estatistica*. Lisboa: Na Administração d'A Medicina Contemporanea.

Sena, A. M. (1885). *Os alienados em Portugal: II-Hospital do Conde de Ferreira*. Lisboa: Na Administração d'A Medicina Contemporanea.

Serrão, J. V. (1991). *História de Portugal (1910 - 1926)*. Vol. XI. Lisboa: Verbo, p. 216-219.

Silva, A. M. (1997). *Sidónio e Sidonismo – história e mito*. Dissertação de Doutoramento em História Contemporânea apresentada à Universidade do Minho. Vol. II. Braga: Universidade do Minho, p. 997-1005.

Soares, M. I. (2008). A Reforma dos Serviços de Assistência Psiquiátrica. *Pensar Enfermagem, 12*(2), 35-51.

Vieira, A. Lopes (1908). *Medicina Judiciária e Pericial: jurisprudência médica*. Coimbra, Imprensa da Universidade.

Watson, K. D. (2011). *Forensic Medicine in Western Society: A History*. Abingdon, Oxon: Routledge.

Zêzere, J. L. (1955). *No Mundo do Delírio e da Alucinação*. Lisboa: M.G.V..

A coleção "Ciências e Culturas" foi fundada por Ana Leonor Pereira e João Rui Pita. Trata-se de uma coleção independente de qualquer Faculdade ou centro de investigação, proposta por estes dois professores da Universidade de Coimbra à Imprensa da Universidade de Coimbra – IUC, tendo merecido de imediato o seu acolhimento nesta instituição pelo Diretor da IUC da época, Senhor Professor Doutor José Faria Costa. A coordenação editorial foi, desde o início, da Senhora Drª Maria João Castro, Diretora Adjunta da IUC. De então até hoje, a coleção teve a melhor recetividade por parte dos diretores que lhe sucederam, Senhores Professores João Gouveia Monteiro, Delfim Leão, Alexandre Dias Pereira e Carlota Simões.

TÍTULOS PUBLICADOS

1 - Ana Leonor Pereira; João Rui Pita
[Coordenadores]
— *Miguel Bombarda (1851-1910) e as singularidades de uma época* (2006)

2 - João Rui Pita; Ana Leonor Pereira
[Coordenadores]
— *Rotas da Natureza. Cientistas, Viagens, Expedições e Instituições* (2006)

3 - Ana Leonor Pereira; Heloísa Bertol Domingues;
João Rui Pita; Oswaldo Salaverry Garcia
— *A natureza, as suas histórias e os seus caminhos* (2006)

4 - Philip Rieder; Ana Leonor Pereira; João Rui Pita
— *História Ecológico-Institucional do Corpo* (2006)

5 - Sebastião Formosinho
— *Nos Bastidores da Ciência - 20 anos depois* (2007)

6 - Helena Nogueira
— *Os Lugares e a Saúde* (2008)

7 - Marco Steinert Santos
— *Virchow: medicina, ciência e sociedade no seu tempo* (2008)

8 - Ana Isabel Silva
— *A Arte de Enfermeiro. Escola de Enfermagem Dr. Ângelo da Fonseca* (2008)

9 - Sara Repolho
— *Sousa Martins: ciência e espiritualismo* (2008)

10 - Aliete Cunha-Oliveira
— *Preservativo, Sida e Saúde Pública* (2008)

11 - Jorge André
— *Ensinar a estudar Matemática em Engenharia* (2008)

12 - Bráulio de Almeida e Sousa
— *Psicoterapia Institucional: memória e actualidade* (2008)

13 - Alírio Queirós
— *A Recepção de Freud em Portugal* (2009)